*LAS ENSEÑANZAS DE LOS
ESENIOS DESDE ENOCH
HASTA LOS ROLLOS
DEL MAR MUERTO*

6ª edición: mayo 2023
Título original: FROM ENOCH TO THE DEAD SEA SCROLLS
Traducido del inglés por Alma Alicia Martell Moreno
Diseño de portada: Editorial Sirio, S.A.

© de la edición original
  1981 International Biogenic Society

© de la presente edición
  EDITORIAL SIRIO, S.A.NA
  C/ Rosa de los Vientos, 64
  Pol. Ind. El Viso
  29006-Málaga
  España

www.editorialsirio.com
E-Mail: sirio@editorialsirio.com

I.S.B.N.: 978-84-7808-183-7
Depósito Legal: MA-301-2013

Impreso en Imagraf Impresores, S. A.
c/ Nabucco, 14 D - Pol. Alameda
29006 - Málaga

Impreso en España

Puedes seguirnos en Facebook, Twitter, YouTube e Instagram.

Cualquier forma de reproducción, distribución, comunicación pública o transformación de esta obra sólo puede ser realizada con la autorización de sus titulares, salvo excepción prevista por la ley. Diríjase a CEDRO (Centro Español de Derechos Reprográficos, www.cedro.org) si necesita fotocopiar o escanear algún fragmento de esta obra.

 El papel utilizado para la impresión de este libro está **libre de cloro** elemental (ECF) y su procedencia está certificada por una entidad independiente, no gubernamental, que promueve la sostenibilidad de los bosques.

Edmond Bordeaux Szekely

LAS ENSEÑANZAS DE LOS ESENIOS DESDE ENOCH HASTA LOS ROLLOS DEL MAR MUERTO

A todos los que perciben que la paz de la totalidad depende del esfuerzo de cada uno de los individuos.

Edmond Bordeaux Szekely

PREFACIO

Los diversos capítulos de este libro fueron recopilados partiendo de materiales anteriores al hallazgo de los Rollos del Mar Muerto, que tuvo lugar en el año 1947. Durante los veinte años anteriores -entre 1927 y 1947- escribí y publiqué varios libros sobre los esenios, basándome en las fuentes históricas de Flavio Josefo, Filos y Plinio y en manuscritos existentes en la Biblioteca del Vaticano, en la Biblioteca de los Habsburgo de Viena y en la Biblioteca del Museo Británico. En dichas obras me centré en las tradiciones esenias que consideré podían tener un cierto valor práctico para el hombre moderno.

Al hacerse públicos los primeros descubrimientos de Qumram, numerosas personas me pidieron publicara una interpretación de dichos hallazgos, por lo que decidí hacerlo en dos volúmenes. Este es el primero de ellos; en él condenso la quintaesencia de las tradiciones esenias, basándome en fuentes anteriores a los descubrimientos de Qumram. El segundo volumen tratará exclusivamente de los nuevos hallazgos.

El presente trabajo se centra en el significado y el valor que las tradiciones esenias tienen para la humanidad de hoy y también en aquellas de sus prácticas que pueden conducir a una expansión de la consciencia. Estos valores pueden ser considerados desde cuatro puntos de vista distintos.

1. Las tradiciones esenias representan una síntesis de la contribución hecha a la humanidad por diferentes culturas de la antigüedad.

2. Para nosotros representan una salida a la unilateral tecnología de la civilización actual, una enseñanza válida y práctica que utiliza todas las fuentes de energía, armonía y conocimiento que nos rodean.
3. Nos marcan una meta permanente, en una época en que la verdad parece disolverse en un continuo cambio de conceptos.
4. Como consecuencia de ello, las enseñanzas esenias pueden traernos el equilibrio y la armonía al estado de neurosis e inseguridad actual.

En su libro "El Significado de los Rollos del Mar Muerto", A. Powell Davies dice: "La organización, los sacramentos, la enseñanza y la literatura de la Iglesia Cristiana tiene mucho que ver -y en su primera fase quizás fue idéntica- a la de los seguidores de la Nueva Alianza, también conocidos como esenios, entre los que se hallaban quienes escribieron los Rollos del Mar Muerto".

Muy significativa en las tradiciones esenias (pre-Qumram) es la existencia de ciertos elementos zoroástricos, mantenida por mí anteriormente y a la cual Arnold Toynbee se ha referido en un escrito reciente. Su relación con enseñanzas posteriores es la misma que encontramos entre la Cábala y la Francmasonería. El único de sus elementos que al parecer se desarrolló de un modo independiente fue la ciencia de la angelología.

Las citas que figuran antes de cada capítulo proceden de los manuscritos del Mar Muerto, del "Manual de Disciplina" y de los "Salmos de Acción de Gracias" o "Libro de los Himnos", que he traducido de unas copias fotostáticas obtenidas a partir de los textos originales hallados en las cuevas de Qumram.

Edmond Bordeaux Szekely
San Diego, California, 1957.

*"Y Enoch se fue con Dios
y dejó de estar
pues Dios se lo había llevado."*

Génesis 5:24

*"En el jardín de la Hermandad fue sembrada la Ley
para que iluminase el corazón del hombre
y para que hiciera rectos ante él
todos los caminos de la verdadera justicia,
un espíritu humilde, un temperamento tranquilo,
una naturaleza compasiva,
la bondad eterna, el entendimiento,
la comprensión y la poderosa sabiduría
que cree en las obras de Dios.
Una tranquila confianza en Sus bendiciones,
el espíritu del conocimiento en todas las cosas del
Gran Orden,
sentimientos de lealtad hacia todas las criaturas,
una radiante pureza que detesta todo lo impuro,
y discreción hacia las verdades ocultas
y hacia los secretos del conocimiento interno."*

       Del "Manual de Disciplina"
        (Rollos del Mar Muerto).

CAPITULO 1

Los Esenios y sus Enseñanzas

Desde las más remotas épocas de la antigüedad ha existido una notable enseñanza que es universal en su aplicación y atemporal en su sabiduría. Se han hallado fragmentos de ella en jeroglíficos sumerios y en piedras y losas procedentes de hace ocho o diez mil años. Algunos de sus símbolos, como el sol, la luna, el aire, el agua y otras fuerzas naturales, proceden de una época todavía más antigua, anterior al cataclismo con el que culminó el período pleistocénico. Se desconoce desde cuantos miles de años antes existió esta enseñanza.

Su estudio y su practica despierta en el corazón del hombre un conocimiento intuitivo que puede solucionar tanto sus problemas individuales como los problemas del mundo.

En casi todas las culturas y religiones han aparecido fragmentos de esta enseñanza. Sus principios fundamentales fueron enseñados en la antigua Persia, en Egipto, en la India, en el Tíbet, en China, en Palestina, en Grecia y en muchos otros lugares. Pero son los esenios, esa misteriosa comunidad que vivió durante los dos o tres últimos siglos antes de Cristo y durante el siglo primero de la era cristiana junto al Mar Muerto en Palestina y junto al lago Mareotis en Egipto, quienes nos la han transmitido en su forma más pura. En Palestina y Siria los miembros de esta hermandad eran conocidos como esenios; en Egipto como terapeutas, o sanadores.

La parte esotérica de sus enseñanzas está contenida en "El Arbol de la Vida", "Las Comuniones" y la "Séptuple Paz". La enseñanza exotérica o externa aparece en el "Evangelio Esenio de la Paz". En "Una interpretación esenia del Génesis" y en "El Sermón de la Montaña".

Se dice que el origen de la hermandad es desconocido y los motivos de su nombre, inciertos. Algunos creen que proceden de Esnoch o Enoch y lo declaran su fundador, manifestando que la Comunión con el mundo angélico le fue revelada a él por primera vez.

Otros consideran que su nombre procede de Esrael, el pueblo elegido a quien Moisés entregó sus Comuniones en el Monte Sinaí, tras haberle sido reveladas por el mundo angélico.

Pero cualquiera que haya sido su origen, lo cierto es que la hermandad esenia existió durante mucho tiempo, tal vez también en otros lugares y con otros nombres.

Su enseñanza aparece en el Zend Avesta de Zoroastro, quien la convirtió en una regla de vida que fue seguida durante miles de años. Los conceptos fundamentales de Bramanismo están contenidos en ella, así como los de los Vedas y los Upanishads. Los sistemas yógicos de la India proceden también de su misma fuente. Posteriormente el Buda dio a la luz, en esencia, las mismas ideas básicas, y su sagrado árbol Bodhi está estrechamente relacionado con el Arbol de la Vida esenio. En el Tíbet, la enseñanza tomó la expresión de la Rueda de la Vida tibetana.

En la antigua Grecia los pitagóricos y los estoicos siguieron los mismos principios esenios y también muchas de sus formas de vida. La misma enseñanza formó parte de la cultura adónica de los fenicios, la encontramos en la filosofía de escuela de Alejandría en Egipto y contribuyó notablemente a muchas ramas de la cultura occidental como son la Francmasonería, el Gnosticismo, la Cábala y el Cristianismo. Jesús interpretó del modo más sublime las siete bienaventuranzas del Sermón de la Montaña.

Los esenios vivían a las orillas de lagos y ríos, lejos de las ciudades y practicaban un modo de vida comunitario, compartiendo por igual todas sus pertenencias. Eran básicamente agricultores y arboricultores, poseían un amplio conocimiento de los cultivos, del suelo y del clima, lo cual les permitía cosechar una gran variedad de frutos y legumbres con un mínimo de trabajo y en zonas relativamente desérticas.

No tenían criados ni esclavos; se dice que fueron el primer pueblo que eliminó la esclavitud tanto de un modo teórico como en la práctica. Entre ellos no existían los pobres ni los ricos, pues ambas situaciones eran consideradas como desvíos de la Ley. Establecieron su propio sistema económico, totalmente basado en la Ley, demostrando que es posible lograr todo lo necesario para el mantenimiento del hombre de un modo bastante fácil.

Dedicaban mucho tiempo al estudio de las escrituras antiguas y también a ciertas ramas del conocimiento como la enseñanza, la curación y la astronomía. Se dice que heredaron los conocimientos astronómicos de los caldeos y de los persas y las artes curativas de los egipcios. Eran adeptos a la profecía, para la cual seguían largos ayunos. Su conocimiento de los usos de las plantas y de las hierbas para la curación tanto de los seres humanos como de los animales, fue realmente notable.

Su vida era simple y ordenada. Se levantaban antes de salir el sol para dedicarse al estudio y comulgar con las fuerzas de la naturaleza. Celebraban baños rituales con agua fría e iban vestidos de blanco. Al terminar sus trabajos cotidianos en el campo compartían su comida en silencio, iniciándola y terminándola con una oración. Eran totalmente vegetarianos, no utilizando jamás la carne ni las bebidas fermentadas. Dedicaban los atardeceres al estudio y a la comunión con las fuerzas de la naturaleza.

Su día se iniciaba al atardecer y el Sabbath o día santo comenzaba al atardecer del viernes, primer día de la semana. Este día se dedicaba al estudio, a la conversación, a atender a los visitantes y a tocar ciertos instrumentos musicales, de los cuales se han hallado restos.

Su modo de vida les permitía vivir hasta edades muy avanzadas -120 años o incluso más- disfrutando de notable salud y fuerza física. Su amor creativo se manifestaba en todas sus actividades.

Las hermandades esenias mandaban sanadores y maestros al exterior, entre ellos estuvieron Elias, Juan el Bautista, Juan el Amado y el gran maestro esenio Jesús.

La pertenencia a la hermandad se alcanzaba sólo tras un periodo de prueba de un año y otros tres años de trabajo iniciatorio, sin embargo para recibir la enseñanza interna debían transcurrir siete años más.

La información que tenemos del modo de vida de los esenios ha llegado hasta nosotros gracias a los escritos de sus contemporáneos. Tanto el gran naturalista romano Plinio, como el filósofo Filos de Alejandría, el historiador y soldado judío Josefo, como Solanius y otros más, hablan de los esenios como "la raza más notable de cuantas existen en el mundo", "los más antiguos de los iniciados", "sus enseñanzas, cuya inalterable santidad se ha perpetuado a lo largo de incontables épocas proceden del Asia Central".

Algunas de las enseñanzas externas han sido conservadas en un texto arameo archivado en la biblioteca del Vaticano y en ciertos textos eslavos existentes en la biblioteca de los Habsburgo en Austria, al parecer traídos de Asia en el siglo XIII por ciertos frailes nestorianos en su huida de las hordas de Genghis Khan.

Ecos de la misma enseñanza los encontramos hoy en los rituales de los masones, en el candelabro de siete brazos o en el saludo "la paz sea contigo", utilizado desde los tiempos de Moisés.

Su persistencia a través de las diversas épocas evidencia que esta enseñanza no pudo ser invención de un individuo ni siquiera de un pueblo, sino que más bien es la interpretación, por parte de grandes Maestros, de la verdadera Ley del universo, la Ley básica, tan eterna e inalterable como el curso de las estrellas, la misma hoy que hace diez mil años y tan aplicable ahora como entonces.

Esta enseñanza explica la Ley, muestra cómo el desvío de esa Ley es la causa de todos los problemas del hombre y nos da un método para poder hallar la salida a este dilema.

"Tú me has dado a conocer
tus cosas profundas y misteriosas.
Todo existe por Ti
y nada hay fuera de Ti
Mediante tu Ley
has dirigido mi corazón
para que mis pasos sean derechos,
vayan por el sendero correcto
y pueda llegar a donde está Tu presencia".

Del Libro VII de los Himnos
(Rollos del Mar Muerto)

*"Tu Ley fue implantada para premiar
a los hijos de la Luz
con curación y paz abundante,
con larga vida,
con semillas fructíferas y bendiciones permanentes,
con alegría para siempre
en la inmortalidad y la Luz eterna."*

Del "Manual de Disciplina"
(Rollos del Mar Muerto)

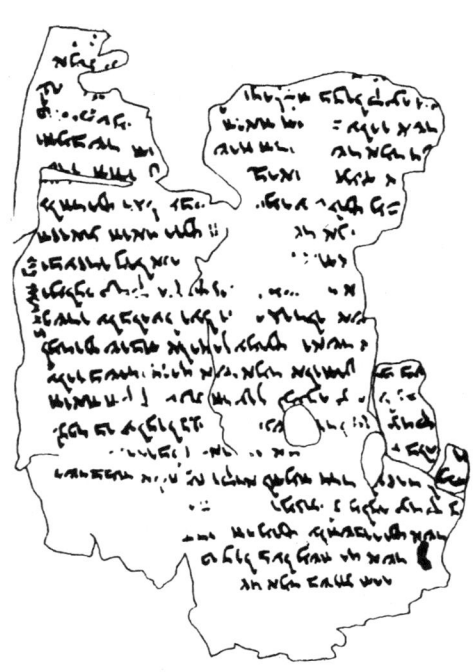

CAPITULO 2

La única Ley

La enseñanza que Moisés trajo del Monte Sinaí fue practicada mil quinientos años después por las hermandades esenias de Palestina y Egipto.

Entender sus enseñanzas es comprender el valor que las prácticas esenias tienen hoy para muchos.

Moisés fue quien trajo la Ley, la Unica Ley. Fue él quien estableció el monoteísmo, que más tarde se convertiría en el principal dogma no sólo de las hermandades esenias, sino de toda la civilización occidental. La información más autorizada que tenemos de estas enseñanzas procede precisamente de las hermandades esenias.

La tradición divide la vida de Moisés en tres períodos que simbolizan las experiencias de la vida de todo hombre. Durante el primer período de cuarenta años en el que vivió como un príncipe de Egipto, siguió el camino de la tradición, adquiriendo toda la instrucción y el conocimiento que estuvo a su alcance. Estudió los rituales de Isis, Amon-Ra y Osiris, los preceptos de Ptah Hotep, el Libro Egipcio de los Muertos y las tradiciones llegadas a Egipto desde Oriente, centro cultural del mundo en aquella época. Sin embargo en todos sus estudios no halló un dinamismo interno ni un principio unificador que explicara tanto el universo como los problemas de la vida.

En el segundo período de su vida pasó cuarenta años en el desierto, siguiendo el sendero y estudiando el Libro de la Naturaleza al igual que muchos otros genios y profetas, entre ellos Jesús. En la enorme vastedad del desierto, con su soledad y su silencio, grandes verdades debieron revelársele. Fue en este período de su vida cuando Moisés descubrió la única Ley, que es la totalidad de todas las leyes. Descubrió que esta es la Ley que gobierna todas las manifestaciones de la vida y el universo entero. Descubrir que todo funciona siguiendo la misma Ley, fue para él el mayor de los milagros. A esta Ley que abarca todas las leyes la llamó la Ley, con mayúscula.

Primeramente observó que el hombre vive en un universo dinámico y siempre cambiante; los animales y las plantas crecen y mueren, la luna crece y disminuye. Vio que la Ley manifiesta un perpetuo cambio y que detrás de ese cambio está el Plan de un Orden Cósmico en una mayor escala.

Comprendió que la Ley es el poder único que rige el universo y que todas las demás leyes no son sino partes de esa Ley. Que es eterna, indestructible e imposible de vencer. Toda planta, árbol, cuerpo humano o sistema solar tiene sus propias leyes matemáticas, biológicas o astronómicas. Pero tras todas ellas está el supremo poder de la Ley.

La Ley gobierna todo cuanto tiene lugar en el universo y en todos los universos; toda actividad, toda creación mental o física. Gobierna todo cuanto existe como manifestación física, como energía, como fuerza o como consciencia; todo pensamiento, todo conocimiento, todo sentimiento y toda realidad. La Ley crea la vida y crea el pensamiento.

La suma de la totalidad de la vida de todos los planetas del universo es lo que los esenios llamaban el Océano Cósmico de Vida. A la suma de todas las corrientes de pensamiento le llamaron el Océano Cósmico de Pensamiento; es lo que usando una terminología más moderna llamaríamos *Consciencia Cósmica*.

El Océano Cósmico de Vida y el Océano Cósmico de Pensamiento forman una unidad dinámica de la cual el hombre es una parte inseparable. Todo cuerpo pensante está en comunión constante con esa unidad y cada ser humano es una parte individualizada de dicha unidad. Esa unidad es la Ley, la Luz Eterna, de la cual habló Moisés.

Moisés vio que la Ley era transgredida por todas partes. Egipto había sido construido sin tenerla en cuenta pues pese a su gran poderío militar y político, no existía allí la Ley de la igualdad. La miseria y la esclavitud eran constantes. Pobres y ricos sufrían opresión, epidemias y plagas. Moisés entendió que la ignorancia de la Ley, de las leyes de la naturaleza, era la causa de todos los males y que tan culpables de ello eran los gobernantes como los gobernados.

A Moisés le resultó evidente que todo lo creado como consecuencia de un desvío de la Ley se destruye a sí mismo y con el tiempo, desaparece. Sólo la Ley es eterna.

El tercer período de la vida de Moisés, el Exodo, comenzó cuando decidió dedicar el resto de sus días a la realización y aplicación de la Ley y con ello, traer armonía a la humanidad. Se dio cuenta del enorme trabajo que suponía lograr que tanto las masas ignorantes como los gobernantes con su arrogancia aceptaran la Ley y vivieran en armonía con ella. Esos mismos obstáculos son los que han debido vencer todos los reformadores del mundo cuando sus ideas puras se han enfrentado con la inercia de la mente humana y la resistencia del poder establecido. Es la revolución de lo dinámico contra lo estático, de los valores elevados contra los pseudo-valores, de la libertad contra la esclavitud y no se limita a una cierta época en la historia ni siquiera a la humanidad como un todo, sino que es algo que tiene lugar repetidamente en la vida de todo individuo.

Cuando Moisés se dio cuenta de que no podía cambiar a los gobernantes de Egipto ni tampoco a las masas populares, se dedicó a una pequeña minoría, al esclavizado y oprimido pueblo de Israel, con la esperanza de convertirlo y establecer una nueva nación, basada totalmente en la Ley. En toda la historia universal es el único personaje que ha establecido ese tipo de nación.

Moisés vio que el universo es un gigantesco orden cósmico en el que hay fuentes inagotables de energía, conocimiento y armonía a disposición del hombre. Siempre recordaba las leyendas de su antepasado Jacob, quien había luchado con un ángel venciéndolo, teniendo luego una visión de ángeles que bajaban y subían por una escalera que conectaba el cielo con la tierra. Moisés identificó a tales ángeles con las fuerzas de la naturaleza y los poderes de la consciencia del hombre y vio que esas fuerzas y poderes eran lo que conectaba al hombre con Dios. *Identificó a Dios con la gran Ley universal.*

Llegó a la conclusión de que para que el hombre pueda alcanzar a Dios tiene antes que dominar todas las fuerzas que son manifestaciones de Dios, de la Ley. Quiso hacer a su pueblo "fuerte con la Ley", y ese es justamente el significado de la palabra Israel. Quiso crear un sistema de vida que les hiciera posible conquistar a los ángeles, al igual que había hecho su antepasado Jacob. Así se fundó la ciencia oculta, la ciencia de los ángeles, posteriormente llamada angelología.

Quiso que sus seguidores se dieran cuenta de que en todo momento están en constante contacto con todas las fuerzas de la vida y del universo visible e invisible y que si eran conscientes de tales fuerzas y permanecían en contacto con ellas, disfrutarían de salud, armonía y felicidad perfectas en su cuerpo, en su mente y en todos los aspectos de sus vidas.

El método para contactar tales fuerzas estaba grabado en dos planchas de piedra que él bajó del Monte Sinaí, pero que más tarde rompió al ver que la masa de su pueblo no estaba preparada para dicha enseñanza al igual que la humanidad sigue sin estar preparada hoy, y seguramente lo seguirá estando todavía por muchas generaciones. Sin embargo a los pocos que sí estaban preparados para ello les enseñó el método escrito en las tablas, la Comunión con los ángeles, método que fue preservado a través de las épocas hasta las hermandades esenias y sigue siendo todavía practicado hoy por algunos.

Esa era una parte de las enseñanzas esotéricas dadas por Moisés y practicadas por las hermandades esenias cinco siglos antes de nuestra era.

En la tradición esenia posterior, la idea abstracta de la Ley era comunicada por el símbolo de un árbol, llamado el Arbol de la Vida. Moisés recibió una gran revelación, cuando en el desierto vio un arbusto que ardía. Ello representaba dos aspectos de la vida universal: calor y luz. El calor del fuego simboliza el fuego de la vida, la vitalidad en el mundo material. La luz simboliza la consciencia del hombre, representa la luz del conocimiento como opuesta a las tinieblas de la ignorancia en el universo inmaterial. En conjunto significan la totalidad del universo y la idea de que en su centro, el hombre, recibe la vida y la vitalidad de todas las fuerzas del cosmos.

Los esenios simbolizaron esta enseñanza en su Arbol de la Vida, el cual les mostraba de un modo concreto que el hombre era una unidad de energía, pensamientos y emociones, y una unidad de fuerza vital que está constantemente en comunicación con la totalidad de las energías del universo. Moisés quería ver al hombre viviendo en armonía con las leyes que gobiernan todas esas energías dentro y fuera de él, y quería que fuera consciente de ellas y las utilizara en cada momento de su vida.

En su estudio sobre la totalidad de la Ley, Moisés alcanzó un conocimiento intuitivo del origen del mundo y del comienzo de todas las cosas. Y fue de ese principio de donde derivó las leyes para la vida diaria. Aprendió que todas las cosas son partes de un todo, unidas de acuerdo a la Ley; y que los siete elementos o fuerzas básicas de la vida aparecen en siete grandes ciclos de creación, un elemento en cada ciclo. Agrupó los días de la semana en un ciclo de siete, considerando que cada día correspondía a uno de los siete elementos. Esto lo simbolizaban los esenios mediante el candelabro de siete brazos, que era alumbrado cada siete días, el sábado, para recordar al hombre los siete ciclos básicos y las siete fuerzas del mundo visible y también los siete poderes elementales del mundo invisible, de la consciencia del hombre.

Estos tres períodos de la vida de Moisés en los que él descubrió la Ley y sus manifestaciones, representan los tres períodos en los que puede dividirse la vida de casi cualquier hombre. *El primero*, Egipto, es el período de la esclavitud, de la oscuridad de la ignorancia, en el que el libre flujo de la energía vital se ve obstruido por la ignorancia y los falsos valores. El Egipto de la Humanidad, su esclavitud, es la totalidad de sus desvíos de la Ley.

El segundo período corresponde al desierto de la vida individual, cuando los falsos valores se derrumban y uno no ve frente a sí más que un enorme vacío. Este es el período en el que el hombre necesita con más urgencia una guía interna que le ayude a encontrar la Luz, la Ley.

El tercer período, el Exodo, es posible para todo hombre. La Luz que muestra el camino del Exodo siempre existe. La esclavitud nunca es eterna. En el caso de Moisés el éxodo duró cuarenta años, sin embargo fue sólo un comienzo en el sendero de la intuición, en el sendero de aprender a vivir en armonía con las leyes de la vida, de la naturaleza y del cosmos. El éxodo de la humanidad podrá sólo realizarse a través del esfuerzo acumulado de muchas personas, durante muchas generaciones.

Pero puede ser y será realizado. Siempre hay un Canaán, que no es una mítica utopía sino una realidad viva. El éxodo es el sendero que lleva hacia Canaán, el sendero que Moisés anduvo, el sendero cuya dirección nos iluminan las prácticas esenias.

*"Te doy las gracias, Padre Celestial,
porque me has situado
en la fuente de los arroyos,
en un abundante manantial en una tierra de sequía,
regando un jardín de maravillas eternas,
el Arbol de la Vida, misterio de los misterios,
cuyas ramas crecen durante toda la eternidad,
cuyas raíces se internan en la corriente de la vida
que viene de una fuente eterna.*

*Y Tú, Padre Celestial,
proteges sus frutos
con los ángeles del día
y de la noche
y con las llamas de la Luz eterna que arden en todo
momento."*

De los "Salmos de Acción de Gracias"
(Rollos del Mar Muerto).

CAPITULO 3

El Arbol de la Vida Esenio

Al parecer el hombre siempre ha sido consciente de que está rodeado por fuerzas invisibles. Las diferentes culturas del pasado utilizaron distintos simbolismos para expresar esa relación con las fuerzas entre las que nos movemos. Un símbolo místico que hallamos en casi todas las religiones y enseñanzas ocultas es el llamado el Arbol de la Vida. Tanto en las leyendas externas como en los conocimientos internos, la intuición del hombre se ha enfocado siempre en él.

Zoroastro lo consideró la Ley, y fue el centro de toda su filosofía y de su pensamiento. En las enseñanzas ocultas de Moisés -el libro esenio del Génesis- fue el Arbol del Conocimiento del Jardín del Edén, guardado por ángeles. Los esenios lo llamaron el Arbol de la Vida.

A los conceptos iniciales del Arbol, los esenios le añadieron lo que los antiguos escribas llamaron Angelología. Esta ciencia de los ángeles fue creada por los esenios en su hermandad de Palestina. Sus ángeles eran las fuerzas del universo.

Los pueblos antiguos sabían que esas fuerzas invisibles eran una fuente de energía y fuerza y que la vida humana se veía beneficiada con su contacto. Sabían que en el grado en que el hombre fuera capaz de utilizar tales fuerzas, avanzaría en su evolución individual en cuerpo y espíritu y que mientras estuviera en armonía con ellas su vida prosperaría. Algunos pueblos no sólo conocían la existencia de tales fuerzas sino que tenían métodos específicos para ponerse en contacto con ellas y para utilizarlas.

En muchos lugares estas fuerzas eran consideradas de dos tipos, buenas y malas; existiendo una oposición eterna entre ambas. Zoroastro en su Zend Avesta describe los Ahuras y los Fravashis como fuerzas buenas, en constante lucha contra los Khrafstras y los Devas. Los toltecas de México y América Central tenían una representación del mundo en la que las fuerzas buenas eran las huestes de Quetzalcoatl -la Serpiente Emplumada- y las malas las de Tezcatlipoca, el Jaguar. Las representaciones toltecas muestran a estos dos ejércitos en continua lucha. En los conceptos zoroástrico y tolteca las fuerzas destructivas están siempre en lucha con las constructivas.

El concepto esenio difiere de estas y otras representaciones en que reconoce únicamente las fuerzas positivas y constructivas del universo. Los ángeles esenios se corresponden con las fuerzas buenas de Zoroastro, los Ahuras y Fravashis y con las fuerzas buenas de los toltecas, las huestes de Quetzalcoatl. Se dio por sentado que el papel del hombre en el universo es reforzar las fuerzas buenas y positivas a fin de que las malas y negativas sean vencidas y desaparezcan de la tierra.

El Arbol de la Vida esenio representaba catorce fuerzas positivas, siete celestiales o cósmicas y siete terrestres o planetarias. El Arbol era representado con siete raíces profundizando en la tierra y siete ramas extendiéndose hacia el cielo, simbolizando así la relación del hombre tanto con la tierra como con el cielo. El hombre era representado en el centro del árbol, a medio camino entre la tierra y el cielo.

El uso del número siete es una parte integral de la tradición esenia, que ha sido transmitida a las culturas occidentales de varios modos externos, como los siete días de la semana.

Cada raíz y cada rama del árbol representaba una fuerza diferente. Las raíces representaban fuerzas terrestres, La Madre Terrenal, El Angel de la Tierra, El Angel de la Vida, El Angel de la Alegría, El Angel del Sol, El Angel del Agua y El Angel del Aire. Las siete ramas representaban fuerzas cósmicas, el Padre Celestial y sus ángeles de la Vida Eterna, del Trabajo Creativo, de la Paz, de la Fuerza, del Amor y de la Sabiduría. Estos eran los ángeles esenios del mundo visible y del mundo invisible.

En la antigüedad hebrea y en la literatura medieval, a estas fuerzas celestes y terrestres les fueron dados nombres, Miguel, Gabriel, etc. y fueron representadas en el arte sacro con formas humanas y con alas y túnicas flotantes, como vemos en los frescos de Miguel Angel.

El hombre, en el centro del árbol, estaba como circundado por un campo magnético, rodeado por todas las fuerzas o ángeles, de la tierra y del cielo. Era representado en una postura de meditación, con la mitad superior de su cuerpo sobre el suelo y la mitad inferior en la tierra. Ello quería decir que una parte del hombre está relacionada con las fuerzas de la tierra y otra con las fuerzas del cielo. Este concepto se asemeja mucho al de Zoroastro, quien representaba al universo como un esquema de diversos reinos en el que el hombre es el centro de numerosas fuerzas que están sobre él y debajo de él. También se corresponde con los rituales toltecas celebrados en los escalones de sus pirámides, donde el hombre ocupaba igualmente el centro entre fuerzas diversas.

Esta posición del hombre en el centro del Arbol, con las fuerzas terrenales debajo de él y las celestiales arriba, se corresponde también con la posición de los órganos en el cuerpo físico. Los aparatos gástrico y reproductor, situados en la parte baja del cuerpo, tienen como finalidad la auto-conservación y reproducción y pertenecen a las fuerzas terrenales, mientras los pulmones y el cerebro, en la parte superior del cuerpo, son instrumentos del pensamiento y la respiración, funciones ambas que conectan al hombre con las más sutiles fuerzas del universo.

El contacto con las fuerzas angélicas representadas por el Arbol de la Vida era la esencia de la vida diaria de los esenios. Ellos sabían que para estar en armonía con esas fuerzas debían *hacer un esfuerzo consciente* a fin de establecer contacto con ellas. Los antiguos cronistas describen a los esenios como un pueblo totalmente práctico. Sus conceptos no eran meras teorías; sabían cómo ser continuamente conscientes de las fuerzas que estaban sobre ellos y cómo absorber su poder y ponerlo en acción en sus vida diarias.

Sabían que tales fuerzas eran fuentes de energía, conocimiento y armonía y que a través de ellas el hombre podía transformar su organismo en un instrumento mucho más sensible, con el que fuera más fácil recibirlas y utilizarlas conscientemente. No sólo eso, sino que consideraban que la más importante actividad que un hombre podía realizar en este mundo era ponerse en armonía con las fuerzas de su Madre Terrenal y de su Padre Celestial.

Tenían muy claras las características de cada una de las diferentes fuerzas y sabían lo que cada fuerza significaba en su vida y cómo debía ser utilizada.

También conocían la relación existente entre las diversas fuerzas. Consideraban que a cada fuerza celestial le correspondía una fuerza terrenal y que cada fuerza terrenal le correspondía una fuerza celestial. Estas fuerzas correspondientes celestiales y terrenales estaban situadas en el Arbol de la Vida de modo diagonal, una sobre el hombre, la otra debajo de él. De este modo si se trazaba una línea que uniera dos fuerzas correspondientes, ésta forzosamente debía pasar por el hombre, situado en el centro del Arbol.

> Los pares de fuerzas correspondientes son los siguientes:
>
> El Padre Celestial y la Madre Terrenal
> El Angel de la Vida Eterna y el Angel de la Tierra
> El Angel del Trabajo Creativo y
>   el Angel de la Vida
> El Angel de la Paz y el Angel de la Alegría
> El Angel de la Fuerza y el Angel del Sol
> El Angel del Amor y el Angel del Agua
> El Angel de la Sabiduría y el Angel del Aire.
>
> Estas correlaciones mostraban a los esenios que cuando se entra en contacto con cierta fuerza terrenal, lo estamos también con una celestial. Esto les hacía entender lo necesario que es estar en perfecta armonía con cada una de las citadas fuerzas y ángeles, tanto del mundo visible como del invisible.
>
> El Arbol de la Vida representaba simbólicamente lo estrechamente que el hombre está unido a estas fuerzas, tanto cósmicas como terrestres, mostrando nuestra relación con cada una de ellas.

*"Te agradezco, Padre Celestial,
que me hayas llevado a una altura eterna
por la que camino entre maravillas.*

*Tú me guiaste para que alcanzara
Tu eterna compañía
desde las profundidades de la tierra.*

*Tú purificaste mi cuerpo
para que me uniera a las huestes
de los ángeles de la tierra
y mi espíritu para que alcanzara
la congregación de los ángeles del cielo.*

*Tú diste eternidad al hombre
para que al alba y al atardecer
alabe tus obras con alegre canción".*

De los "Salmos de Acción de Gracias"
(Rollos del Mar Muerto).

CAPITULO 4

Las Comuniones Esenias

I - SU PROPOSITO Y SU SIGNIFICADO

El Símbolo del Arbol de la Vida permitía a los esenios comprender que estaban rodeados de fuerzas, o ángeles, tanto del mundo visible de la naturaleza como del invisible o cósmico. Las Comuniones muestran cómo cada una de esas fuerzas es utilizada en el cuerpo y en la consciencia del hombre.

Se dice que fue Enoch quien inició las Comuniones, siendo luego entregadas a Esrael por Moisés en una de las dos losas de piedra que bajó del monte Sinaí. La segunda serie de tablas contenía los Diez Mandamientos -la enseñanza externa- que entregó a su pueblo de Israel. Pero la minoría elegida, Esrael -o los esenios- celebraron desde entonces sus comuniones con las fuerzas terrenales y celestiales cada mañana y cada tarde, regulando sus vidas de acuerdo con la inspiración recibida de ellas.

Las Comuniones tienen tres objetivos inmediatos.

El primero es hacer al hombre consciente de la actividad de las diferentes fuerzas y formas de energía que lo rodean y que continuamente están fluyendo hacia él desde la naturaleza y el cosmos.

El segundo es hacerlo consciente de sus órganos y centros internos que pueden recibir esas corrientes de energía.

El tercero es establecer una conexión entre los órganos y centros y sus correspondientes fuerzas para que puedan absorber, controlar y utilizar tales corrientes.

Los esenios sabían que el hombre posee diversos sistemas corporales para absorber las diferentes energías de la comida, del aire, del agua, de las radiaciones solares, etc., y sabían que cada individuo debe controlar y utilizar esos poderes por sí mismo, con su esfuerzo consciente, y que nadie lo puede hacer por él.

Las Comuniones eran practicadas cada mañana y cada tarde. Cada día, antes de la salida del sol se meditaba en una fuerza terrenal diferente y por la tarde, después de la puesta del sol, en una fuerza celestial. Así, cada siete días eran realizadas un total de catorce comuniones.

En cada Comunión se concentraban en la fuerza designada, contemplándola y meditando sobre ella, para que su poder pudiera ser absorbido y utilizado conscientemente cuando fuera necesario.

Seguidamente se detallan los propósitos de cada una de las Comuniones:

LAS COMUNIONES DE LA MAÑANA

La Madre Terrenal - Sábado por la Mañana

La finalidad de esta Comunión era establecer una unidad entre el organismo físico del hombre y las fuerzas nutritivas de la tierra.

Ello se realizaba mediante la contemplación de las diferentes substancias alimenticias, tomando consciencia de que el cuerpo está formado por los elementos de la tierra y de que es alimentado por esos mismos elementos a través de la vida vegetal. Ello nos enseña el gran significado y valor de los alimentos naturales suministrados por nuestra Madre Terrenal, en armonía con las leyes que gobiernan la vida en la tierra. De este modo se aprende la gran importancia que los alimentos naturales tienen para la salud y la vitalidad y se es consciente de los procesos del metabolismo interno. Se aprende, además, a recibir y a absorber las poderosas energías de los alimentos y a conservar esas energías en nuestro cuerpo. Gradualmente se desarrolla la habilidad de asimilar y utilizar de un modo perfecto las substancias nutritivas de los alimentos y las energías en ellos contenidas, con lo que se logra extraer mucha más energía de una cantidad de comida dada.

Esta Comunión era uno de los principales instrumentos mediante los cuales los esenios mantenían su notable estado de salud física.

El Angel de la Tierra - Domingo por la Mañana

El Angel de la Tierra de la Madre Terrenal era el poder de generación y regeneración. La idea central de los esenios, similar a la de Zoroastro, era crear una vida cada vez más abundante. La finalidad de esta Comunión era transformar las fuerzas generativas de la vida y utilizarlas para la regeneración del cuerpo humano. Pensaban que las mismas fuerzas generativas de la naturaleza existentes en la parte superior del suelo, creadoras de la vegetación, existían también en el hombre.

Así, esta Comunión estaba relacionada con la superficie de la tierra, donde se produce la germinación, y también con la fertilidad de las glándulas y órganos reproductivos humanos. Enseñaba la importancia de los poderes generativos del suelo y la fuerza de la energía sexual en el sistema glandular. Hacía al hombre consciente de las fuerzas generativas que lo rodean, permitiéndole ser más receptivo en la absorción de tales fuerzas, dominándolas, dirigiéndolas y utilizándolas.

La extraordinaria facultad regenerativa de los esenios se debía principalmente a la transformación de la energía sexual que realizaban en esta Comunión.

El Angel de la Vida - Lunes por la Mañana

Esta Comunión estaba dedicada a la vida, a la salud y a la vitalidad del organismo humano y de todo el planeta, mostrando la unidad dinámica que existe entre ellos.

Enseñaba el papel que la vitalidad juega en el bienestar del hombre y lo hacía consciente de las innumerables actividades de la fuerza vital que tienen lugar a su alrededor, permitiéndole dirigir esa fuerza vital hacia cualquier parte de su cuerpo con la intensidad requerida.

Esta Comunión confería a los esenios su asombrosa habilidad de absorber la fuerza vital, especialmente de los árboles y de los bosques.

El Angel de la Alegría - Martes por la Mañana

En esta Comunión se contemplaba jubilosamente toda forma de belleza, con la finalidad de hacer al hombre consciente de las bellezas de la naturaleza y de la alegría interior existente en cada parte de su ser.

Esta facultad de absorber la alegría de las bellezas de la naturaleza, amaneceres, puestas de sol, montañas, flores, colores, aromas, etc. fue uno de los medios de los que se sirvieron los esenios para lograr la armonía interior y la serenidad que tanto impresionaron a sus contemporáneos.

El Angel del Sol - Miércoles por la Mañana

Los esenios meditaban en el Sol como una enorme fuerza viva en la naturaleza terrestre, como una siempre presente fuente de energía sin la cual no existiría la vida en la tierra, en el océano ni en la atmósfera. Meditaban sobre el efecto de los rayos solares que no se detienen en la superficie del cuerpo sino que penetran en el organismo por el lugar donde está situado el plexo solar, bañando al cuerpo y al sistema nervioso con las radiaciones solares. Este punto es la unidad más antigua del organismo humano.

La finalidad de esta Comunión era hacerse receptivo a las energías solares y establecer una unidad perfecta entre el individuo y el sol, distribuyendo sus fuerzas por todo el cuerpo.

Con este método los esenios efectuaban curaciones que en muchos aspectos parecían milagrosas a los historiadores de entonces.

El Angel del Agua - Jueves por la Mañana

Los esenios consideraban que la circulación del agua en la naturaleza se correspondía con la circulación de la sangre en el cuerpo. Sabían que todos los organismos al igual que su comida, consistían principalmente de agua, la cual es al mismo tiempo esencial para la vida en la tierra. La perfección de un organismo depende de la calidad de su sangre y del mismo modo, la perfección de un entorno físico depende de la calidad del agua que tenga.

En esta Comunión se contemplaban todas las formas del agua, ríos, arroyos, lluvia, la sabia de los árboles y de las plantas, etc., estableciendo como una realidad viva la unidad existente entre las aguas del cuerpo y las aguas del planeta, posibilitando dirigir la corriente sanguínea hacia cualquier parte del cuerpo a voluntad, o retirarla del mismo.

Esta facultad permitía a los esenios la curación de muchas enfermedades que de otro modo únicamente podrían haber sido paliadas tras largos y arduos tratamientos. Este era uno de los motivos por los que los esenios tenían tan asombroso dominio de sí y una casi increíble resistencia al dolor.

El Angel del Aire - Viernes por la Mañana

La finalidad de esta Comunión era hacer al hombre consciente de la dinámica unidad existente entre el aire y la vida y de que la respiración es lo que une a nuestro organismo con el cosmos. Donde hay vida hay respiración y cuando cesa una, cesa la otra. Así, tanto la atmósfera que rodea a la tierra como el aire en el interior del cuerpo cumplen una función primordial en la salud y la vitalidad.

Esta Comunión era acompañada por una profunda respiración rítmica que permitía a los esenios absorber de la atmósfera energías específicas, estableciendo una correlación entre el individuo y el universo.

Estas Comuniones con la Madre Terrenal y sus Angeles eran la fuente de la cual los esenios derivaban su particular modo de vida, entre otras muchas cosas su comida, sus baños en agua fría, sus baños de sol y su respiración, según describieron asombrados sus contemporáneos Josefo, Filos y Plinio.

LAS COMUNIONES DE LA TARDE

Del mismo modo que las siete mañanas de la semana eran dedicadas a las fuerzas del mundo visible, las siete tardes se dedicaban a los poderes del mundo invisible o Angeles del Padre Celestial.

El Padre Celestial - Viernes por la Tarde

Esta Comunión con el Padre Celestial, el Creador, la Luz, el Ahura Mazda de Zoroastro, era la Comunión central de los esenios, dedicada a la totalidad de las leyes cósmicas y a la captación de que el universo es un proceso de creación ininterrumpida, en el que el hombre debe tomar parte continuando la labor del Creador en la tierra.

La finalidad de esta Comunión era enseñar al hombre la importancia de su unión con el eterno e ilimitado océano de radiaciones superiores procedentes de todos los planetas y hacerlo receptivo a esas fuerzas a fin de lograr la consciencia cósmica, la unión con las citadas corrientes cósmicas. De este modo se podían desarrollar enormes habilidades creativas y también aplicar el principio creativo a la propia vida y al entorno.

Los esenios sabían que sólo así puede el hombre alcanzar su finalidad última: su unión con el Padre Celestial, meta final de los esenios y propósito que gobernaba todos sus actos, sus sentimientos y sus pensamientos.

El Angel de la Vida Eterna - Sábado por la Tarde

Los esenios consideraban que el propósito del universo no puede ser otro que la vida eterna, es decir, la inmortalidad, y que el hombre puede llegar a ella si progresivamente va creando las circunstancias que le permitan avanzar en su evolución individual. Pensaban que para este progreso no había límite alguno, puesto que el cosmos es una reserva inagotable de energías que están a disposición del hombre en la medida en que éste sea capaz de *perfeccionar sus centros y sus órganos receptivos.*

A través de esta Comunión el hombre puede despertar el conocimiento intuitivo de la eternidad de la vida universal y al mismo tiempo ser consciente de su unidad con esa vida eterna y con la totalidad del orden cósmico. Puede aprender lo importante que es vencer la gravedad de las corrientes terrestres de pensamientos y ser consciente de la actividad de las corrientes superiores y del papel que juegan en la evolución, tanto individual como planetaria.

Esta victoria sobre la gravedad y esta absorción y utilización de las corrientes superiores tanto de éste como de otros planetas, fue el logro místico más elevado de los esenios.

El Angel del Trabajo Creativo - Domingo por la Tarde

Esta Comunión estaba dedicada a todo lo grande que ha sido creado con el trabajo humano, a las grandes obras de literatura, de arte, de ciencia, de filosofía, a todo lo grande añadido por el hombre a la naturaleza y a los valores legados por las anteriores generaciones y heredados por la actual.

La finalidad de esta Comunión era enseñar la importancia del trabajo creativo y el vital papel que juega en la evolución del individuo. También permitirle la absorción de energías y fuerzas de los trabajos creativos de la humanidad y de sus obras maestras, y el uso de esas fuerzas en todas las manifestaciones de su consciencia.

En las comunidades esenias todos desarrollaban algún tipo de trabajo creativo, ya fuera destinado a sí mismos, a la hermandad o a la humanidad. Los esenios consideraban que el trabajo creativo es la más adecuada expresión del amor.

El Angel de la Paz - Lunes por la Tarde

La Comunión con el Angel de la Paz estaba dedicada a la intuición de la paz tanto en el interior del individuo como en el universo infinito. Para los esenios la paz es uno de los más valiosos tesoros del hombre y pensaban que sin captar su verdadero significado la espiritualidad es imposible. Sin espiritualidad la vida carece de sentido. Para ellos el primer deber del hombre era crear la paz en su interior y con todo lo que le rodea, así la paz comienza a trabajar desde dentro.

Los esenios utilizaban todas las fuentes de paz existentes en el universo transmitiéndolas al mundo. Una de las manifestaciones de esto era su universal saludo: "La Paz sea contigo".

El Angel de la Fuerza - Martes por la Tarde

Los esenios concebían la totalidad del universo como un océano de vitalidad, en el que las corrientes de fuerza cósmica conectan a todas las formas de vida existentes en todos los planetas, uniendo al hombre con el resto de los demás seres.

Esta *Comunión* hacía al hombre *consciente de estas fuerzas cósmicas* que lo rodean y que al mismo tiempo están también en su interior. *Al ser consciente* de su existencia y de su actividad, *podía absorberlas a través del sistema nervioso* y utilizarlas para los diferentes aspectos de su vida.

Los esenios eran capaces de absorber y utilizar tales corrientes de un modo notable.

El Angel del Amor - Miércoles por la Tarde

Los esenios consideraban que el amor era el sentimiento creativo más elevado y sabían que todo está inmerso en un océano cósmico de amor que une a toda forma de vida, siendo la misma vida una expresión del amor.

La finalidad de esta Comunión era enseñar al hombre la importancia y el significado de estas corrientes de sentimientos elevados, existentes tanto en él mismo como en el universo que lo rodea y hacerlo receptivo y consciente de ellas como una poderosa fuente de energía y fuerza, que se puede concentrar y dirigir hacia cualquier manifestación de su consciencia.

Para los esenios cualquiera que dañe a una forma de vida externa a él se está dañando a sí mismo, a causa de la dinámica unidad que todas las formas de vida tienen en el océano cósmico de amor. Los propios esenios expresaban fuertes sentimientos de amor hacia el total de la humanidad y hacia todas las formas de vida terrestres y del espacio infinito.

Ese amor era el motivo de su vida en comunidad, de la distribución de sus excedentes alimenticios entre los necesitados, de sus actividades curativas y de enseñanza. Los esenios expresaban su amor con hechos.

Esta facultad de captar y emitir corrientes de sentimientos elevados era uno de sus grandes logros místicos.

El Angel de la Sabiduría - Jueves por la Tarde

Para los esenios el pensamiento era una función cerebral y a la vez cósmica. Creían en la existencia de un océano cósmico de pensamientos que interpenetra todo el espacio y que contiene todos los pensamientos existentes. Consideraban que el pensamiento es la más elevada y poderosa de las energías cósmicas, pues ningún pensamiento perece ni se pierde jamás.

Sintonizándose con todas las corrientes de pensamiento del universo, con el pensamiento de todos los grandes pensadores del pasado y a través de la comunión con el Angel de la Sabiduría, el hombre desarrolla la capacidad de crear poderosas corrientes de pensamientos armoniosos y de lograr conocimiento y sabiduría de un modo intuitivo.

A esta Comunión debían los esenios su notable habilidad para mandar y recibir poderosas corrientes de pensamiento.

La Comunión con el Angel de la Sabiduría completaba las catorce comuniones de los esenios. Las Comuniones de la mañana tenían que ver con la vitalidad del cuerpo y su efecto acumulado era el reforzamiento y revitalización de todos los órganos corporales mediante el control consciente y la utilización de las fuerzas terrenales.

Las siete Comuniones de la tarde estaban dedicadas a las fuerzas espirituales que gobiernan la evolución del hombre. Su efecto acumulado era una revitalización de la mente y de todas las facultades superiores del individuo.

Esta revitalización les permitía sintonizarse con los océanos superiores de amor, vida y pensamiento, desarrollando gradualmente las facultades superiores de su ser.

Cada una de las catorce Comuniones representa un cierto equilibrio entre el hombre que la realiza y el ángel o la fuerza con que se comulga.

LAS CONTEMPLACIONES DEL MEDIODIA

Cada día de la semana, al mediodía, se celebraba un tercer tipo de prácticas. Era una Contemplación en la que se pedía al Padre Celestial el envío del Angel de la Paz, para que armonizara los diferentes aspectos de la vida del hombre. La importancia que la paz tenía para los esenios era tan grande, que había una especial enseñanza relacionada con ella, llamada la *Séptuple Paz*.

La práctica de las catorce Comuniones generaba una experiencia interna, una expansión de la consciencia que permitía al individuo hacer un uso consciente de las fuerzas invisibles de la naturaleza y del cosmos. La Séptuple Paz muestra la aplicación práctica en la vida diaria del individuo de esa consciencia expandida, en relación con diferentes aspectos de la vida.

Las Contemplaciones de Paz se practicaban en el siguiente orden:

Viernes a mediodía - Paz con el Cuerpo.
Jueves a mediodía - Paz con la Mente.
Miércoles a mediodía - Paz con la Familia.
Martes a mediodía - Paz con la Humanidad.
Lunes a mediodía - Paz con la Cultura.
Domingo a mediodía - Paz con la Madre Terrenal.
Sábado a mediodía - Paz con el Padre Celestial.

Estos siete aspectos de la vida individual esenia son explicados en un capítulo posterior.

Cada siete días, el Sabbath esenio estaba consagrado a uno de los aspectos de la paz. Independientemente de las contemplaciones individuales se celebraban reuniones comunitarias. La finalidad de estas reuniones era la aplicación colectiva y práctica de la paz particular a la que estaba dedicado ese Sabbath.

EL GRAN SABBATH

Cada siete sábados se celebraba el llamado Gran Sabbath, dedicado a la paz con el Padre Celestial. Es la paz trascendental, que contiene a todos los otros aspectos de la paz. De este modo todos y cada uno de los aspectos de la vida del hombre eran debidamente atendidos.

Este era el patrón que seguían los esenios en sus Comuniones con las fuerzas cósmicas y de la naturaleza y en sus contemplaciones con los distintos aspectos de la paz. En ellas aprendían la manera de utilizar estas fuerzas en su vida individual. En ningún otro sistema de enseñanzas se encuentra nada parecido, pues posee la sabiduría acumulada de al menos ocho milenios. No es simplemente una forma de ritual, sino que se trata de una experiencia intuitiva y dinámica, que al mismo tiempo establece la unidad de todo el género humano.

Los esenios practicaban estas Comuniones y Contemplaciones hace más de dos mil años. Nosotros podemos practicarlas hoy.

*"Alabaré tus obras con el canto
de Acción de Gracias continuamente,
en todos los momentos,
en los ciclos del día y en su orden fijado;
cuando surja la luz
y cuando se desvanezca al caer la tarde,
cuando terminen las tinieblas y
cuando llegue el día,
continuamente,
durante todas las generaciones del tiempo."*

De los "Salmos de Acción de Gracias"
-Rollos del Mar Muerto, XVII.

CAPITULO 5

Las Comuniones Esenias

II - LA PRACTICA

Fragmentos de documentos llegados a nosotros desde antiguas tradiciones nos indican que durante incontables eras, el hombre ha comenzado gradualmente a *desarrollar en su ser un cierto aparato receptivo*, mediante el cual es capaz de absorber las corrientes de fuerza que fluyen a su alrededor y de utilizarlas conscientemente como fuentes de energía, armonía y conocimiento.

Los esenios consideraban que *el desarrollo de esos centros receptivos* era una parte esencial en la evolución del hombre. También creían que para su desarrollo era necesaria la práctica sistemática y diaria, siguiendo el método correcto.

La primera parte de sus Comuniones enseñaba el significado y la finalidad de cada una de las catorce fuerzas, terrestres y cósmicas. La segunda parte consistía en la práctica real, en la técnica mediante la cual ese aparato podía ser desarrollado.

Mediante esta práctica *se abren los centros sutiles del cuerpo*, dándonos acceso al gran depósito universal de fuerzas cósmicas. La finalidad perseguida era poner a los órganos del cuerpo en armonía con las corrientes benéficas de la tierra y del cosmos, a fin de poder utilizarlas para la evolución, tanto del individuo como del planeta.

Muchos pueblos antiguos poseían técnicas similares. Los sumerios, los persas del tiempo de Zoroastro y los hindúes con sus catorce sistemas de yoga -nueve de los cuales han llegado hasta nuestros días-, todos buscaban el mismo fin.

La técnica que los esenios transmitieron de boca a oído, generación tras generación durante miles de años, era comunicada al neófito en las hermandades sólo cuando éste había completado siete años de entrenamiento probatorio. Entonces debía hacer el Gran Séptuple Voto, además de comprometerse a no revelar sin permiso las comuniones y a no utilizar el conocimiento y el poder adquirido para fines materiales o egoístas.

PROLOGO A LAS COMUNIONES

Antes de pronunciar solemnemente la fórmula de las comuniones, los esenios recitaban el siguiente prólogo:

"Entro en el Jardín Eterno e Infinito reverenciando al Padre Celestial, a la Madre Terrenal y a los Grandes Maestros, reverenciando a la santa, pura y salvadora Enseñanza y reverenciando a la Hermandad de los Elegidos."

Luego pensaba con reverencia en el ángel o fuerza con la que iba a comulgar, contemplando su significado y su finalidad en su propia vida y cuerpo, tal como se enseña en la primera parte de las Comuniones.

Después de este prólogo, pronunciaba las palabras exactas de la fórmula de cada Comunión.

FORMULAS PARA LAS COMUNIONES DE LA MAÑANA

1

Para comulgar con la Madre Terrenal, el *Sábado* por la mañana, el esenio decía:
"La Madre Terrenal y yo somos uno. Ella da el
 alimento de vida a todo mi cuerpo".
Tras pronunciar estas palabras contemplaba frutos comestibles, granos o plantas y sentía fluir las corrientes de la Madre Terrenal a través de él, intensificando y dirigiendo el metabolismo de su cuerpo.

2

El *Domingo* por la mañana, para comulgar con el ángel de al Tierra decía:
"Angel de la Tierra, entra en mis órganos
 reproductores y regenera la totalidad de mi cuerpo."
Al decir estas palabras contemplaba el suelo generador de vida y la yerba creciendo, al mismo tiempo sentía cómo las corrientes del Angel de la Tierra transformaban su energía sexual en fuerzas regenerativas.

3

El *Lunes* por la mañana comulgaba con el Angel de la Vida mediante las siguientes palabras:
"Angel de la Vida, entra a través de mis
 extremidades y refuerza todo mi cuerpo."
Seguidamente contemplaba a los árboles y absorbía la fuerza de ellos y de los bosques.

4

Las palabras con las que se comulgaba el *Martes* por la mañana con el Angel de la Alegría eran las siguientes:
 "Angel de la Alegría, desciende a la tierra y
 confiere belleza a todos los seres."
Seguidamente sentía cómo absorbía vibraciones de alegría procedentes de las bellezas de la naturaleza al contemplar los colores del amanecer o de la puesta del sol, al oír el canto de un pájaro o percibir el aroma de una flor."

5

El *Miércoles* por la mañana, para comulgar con el Angel del Sol se utilizaban estas palabras:
 "Angel del Sol, entra en mi Centro Solar y
 confiere el fuego de la vida a la totalidad de mi cuerpo."
Al pronunciar estas palabras se contemplaba el sol naciente sintiendo y dirigiendo las fuerzas solares acumuladas a través de su centro solar, situado en el plexo solar, irradiándolas desde allí a todas las partes de su cuerpo.

6

El *Jueves* por la mañana la Comunión con el Angel del Agua se hacía diciendo:
 "Angel del Agua, entra en mi sangre y
 confiere el agua de Vida a la totalidad de mi cuerpo."
Al decir esto contemplaba las aguas de la tierra ya fuera en forma de río, lago, mar o cualquier otra, sintiendo cómo las corrientes del Angel del Agua intensificaban y dirigían la circulación de la sangre.

7

En la comunión del *Viernes* por la mañana con el Angel del Aire el esenio decía:
"Angel del Aire, entra en mis pulmones y
confiere el aire de Vida a la totalidad de mi cuerpo."
Al decir estas palabras contemplaba la atmósfera mientras respiraba rítmicamente.

FORMULAS PARA LAS COMUNIONES DE LA TARDE

Estas son las palabras con las que se comulgaba cada tarde con el Padre Celestial y sus Angeles:

1

El *Viernes* por la tarde, la Comunión con el Padre Celestial se iniciaba diciendo:
"El Padre Celestial y yo somos uno."
Esta Comunión genera una unión con el ilimitado y eterno océano de las radiaciones superiores procedentes de todos los planetas, despierta la consciencia cósmica y finalmente el individuo se une con el *Poder Supremo*.

2

El *Sábado* por la tarde, para la Comunión con el Angel de la Vida eterna se decía:
"Angel de la Vida Eterna, desciende sobre mí y
confiere Eterna vida a mi espíritu."
Diciendo estas palabras el individuo contemplaba su unión con las corrientes de pensamiento procedentes de los

planetas superiores y adquiría fuerza para vencer la esfera gravitacional de las corrientes de pensamiento terrestres.

3

El *Domingo* por la tarde, la comunión con el Angel del Trabajo Creativo se realizaba diciendo:
"Angel del Trabajo Creativo, desciende sobre la humanidad y confiere abundancia a todos los hombres."
Seguidamente se contemplaba el trabajo de las abejas y se concentraba en los trabajos creativos efectuados por la humanidad en todas las esferas.

4

La Comunión del *Lunes* por la tarde con el Angel de la Paz se hacía con estas palabras:
"Paz, Paz, Paz,
Angel de la Paz,
que estés siempre en todas partes."
El individuo contemplaba la luna y su luz, invocando y visualizando la paz universal en todas las esferas de la existencia.

5

El *Martes* por la tarde, para la Comunión con el Angel de la Fuerza se decía:
"Angel de la Fuerza, desciende sobre mi
Cuerpo Actuante y dirige todos mis actos."
Seguidamente el individuo contemplaba las estrellas, sus radiaciones y el océano cósmico de Vida, sintiendo cómo sus fuerzas eran absorbidas por el Cuerpo Actuante.

6

La Comunión del *Miércoles* por la tarde era con el Angel del Amor. Estas son sus palabras:
 "Angel del Amor, desciende sobre mi
Cuerpo Sintiente y purifica todos mis sentimientos."

Mientras se pronunciaba esta fórmula se sentía cómo el Cuerpo Sintiente mandaba y atraía a un tiempo corrientes de sentimientos superiores hacia y desde todos los seres de la tierra y del océano cósmico de Amor.

7

El *Jueves* por la tarde estaba dedicado al Angel de la Sabiduría, a quien se dirigían con estas palabras:
 "Angel de la Sabiduría, desciende sobre mi Cuerpo
 Pensante e ilumina todos mis pensamientos."

Entonces corrientes de pensamientos eran atraídas y al mismo tiempo enviadas por el Cuerpo Pensante, mientras el individuo contemplaba todos los pensamientos existentes en la tierra y en el océano cósmico del pensamiento.

Estas eran las palabras tradicionales de las Comuniones con la Madre Terrenal, el Padre Celestial y sus ángeles. El efecto acumulado de la repetición semanal de cada una de estas Comuniones facultaba al individuo, antes o después según su capacidad, su perseverancia y su grado de evolución, a absorber, utilizar y dirigir estas corrientes de energía en todas las manifestaciones de su consciencia, para su evolución y la evolución de la humanidad y del planeta.

FORMULAS DE LAS CONTEMPLACIONES

Las Contemplaciones de Paz del Mediodía, dedicadas cada día a uno de los siete aspectos de la Paz, se dirigían al Padre Celestial, pidiéndole que mandara a todos el Angel de la Paz y también a uno de sus ángeles para que reforzara cada uno de los aspectos de la *Séptuple Paz*. Estas eran sus palabras:

Viernes al mediodía (Paz con el Cuerpo):
"Padre Nuestro que estás en los cielos,
mándanos a todos
Tu Angel de la Paz;
y a nuestro cuerpo
El Angel de la Vida."

Jueves al mediodía (Paz con la Mente):
"Padre nuestro que estás en los cielos,
mándanos a todos
Tu Angel de la Paz;
y a nuestra mente
El Angel de la Fuerza."

Miércoles al mediodía (Paz con la Familia):
"Padre nuestro que estás en los cielos,
mándanos a todos
Tu Angel de la Paz;
y a nuestra familia y amigos
El Angel del Amor."

Martes al mediodía (Paz con la Humanidad):
"Padre nuestro que estás en los cielos,
mándanos a todos
Tu Angel de la Paz
y a la humanidad
El Angel del Trabajo."

Lunes al mediodía (Paz con la Cultura):
"Padre nuestro que estás en los cielos,
mándanos a todos
Tu Angel de la Paz;
y a nuestro conocimiento
El Angel de la Sabiduría."

Domingo al mediodía (Paz con el Reino de la Madre Terrenal):
"Padre nuestro que estás en los cielos,
mándanos a todos
Tu Angel de la Paz;
y al reino de nuestra Madre Terrenal,
El Angel de la Alegría."

Sábado al mediodía (Paz con el Reino del Padre Celestial):
"Padre nuestro que estás en los cielos,
mándanos a todos
Tu Angel de la Paz
y a Tu Reino, Padre Celestial,
Tu Angel de la Vida Eterna."

	COMUNIONES DE LA MAÑANA		
		Contemplación	Fuerza
Sábado	Madre Terrenal	Comida	Nutrición
Domingo	Angel de la Tierra	Suelo Crecimiento	Regeneración Glándulas
Lunes	Angel de la Vida	Arboles	Vitalidad Fuerza Vital
Martes	Angel de la Alegría	Belleza	Armonía
Miércoles	Angel del Sol	Amanecer	Fuego Vital
Jueves	Angel del Agua	Sangre, Ríos, etc.	Circulación
Viernes	Angel del Aire	Respiración	Energías de la Atmósfera

**COMUNIONES CON LAS FUERZAS
DE LOS REINOS VISIBLES**

	CONTEMPLACIONES DEL MEDIODIA
	Paz con
Sábado	El Reino del Padre Celestial
Domingo	El Reino de la Madre Terrenal
Lunes	La Cultura
Martes	La Humanidad (Paz Social)
Miércoles	La Familia (Cuerpo Sintiente)
Jueves	La Mente (Cuerpo Pensante)
Viernes	El Cuerpo (Cuerpo Actuante)

LAS CONTEMPLACIONES DE PAZ DEL MEDIODIA

	COMUNIONES DE LA TARDE		
		Contemplación	**Fuerza**
Sábado	Angel de la Vida Eterna	Planetas Superiores	Vencer la Gravedad
Domingo	Angel del Trabajo Creativo	Abejas	Trabajo Creativo del Hombre
Lunes	Angel de la Paz	Luna	Paz Interior
Martes	Angel de la Fuerza	Estrellas Hechos Superiores	Sistema Nervioso Océano Cósmico de Vida
Miércoles	Angel del Amor	Sentimientos Superiores	Emociones Océano Cósmico de Amor
Jueves	Angel de la Sabiduría	Pensamientos Superiores	Cuerpo Pensante
Viernes	Padre Celestial	Corrientes Cósmicas	Unión Final con el Océano Cósmico

**COMUNIONES CON LAS FUERZAS
DE LOS REINOS INVISIBLES**

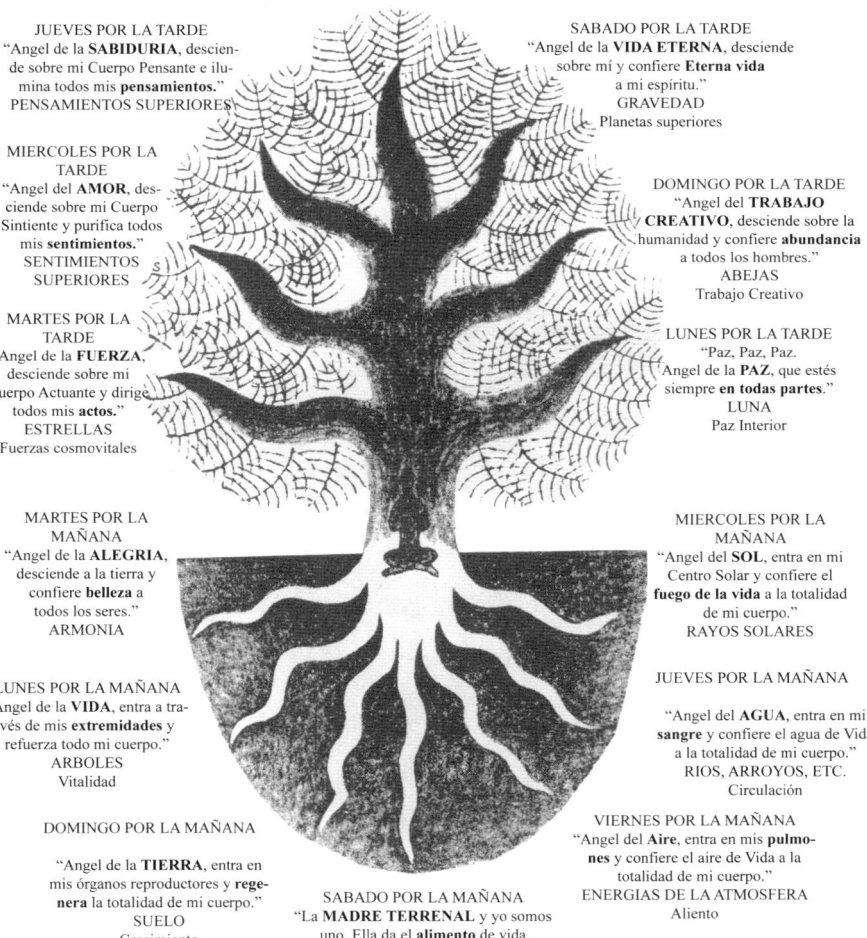

EL ARBOL DE LA VIDA ESENIO
Con las Comuniones de la mañana y de la tarde

*"Que El te bendiga con todo lo bueno,
que El te guarde de todo mal,
que ilumine tu corazón con el conocimiento
de la vida
y te favorezca con la sabiduría eterna.
Que El derrame sus Séptuples Bendiciones sobre ti
para conferirte la eterna Paz."*

                        Del "Manual de Disciplina"
                            (Rollos del Mar Muerto)

CAPITULO 6

La Séptuple Paz

La Séptuple Paz de los esenios era un resumen de sus enseñanzas internas.

Su Arbol de la Vida y sus Comuniones les enseñaban su relación con las catorce fuerzas de los mundos visible e invisible. La Séptuple Paz les explicaba su relación con las partes de su propio ser y con sus compañeros, mostrándoles cómo crear paz y armonía en los siete aspectos de sus vidas.

Para los esenios armonía y paz eran lo mismo.

Consideraban que la vida humana puede dividirse en siete aspectos, física, mental, emocional, social, cultural, sus relaciones con la naturaleza y sus relaciones con la totalidad del cosmos.

Se consideraba que el hombre tenía tres cuerpos, que funcionaban en cada uno de estos siete aspectos, un Cuerpo Actuante, un Cuerpo Sintiente y un Cuerpo Pensante. El poder más elevado del cuerpo pensante es la sabiduría. El más elevado del cuerpo sintiente es el amor. La función del cuerpo actuante es convertir en acción la sabiduría del cuerpo pensante y el amor del cuerpo sintiente en el mundo individual, social y cultural y en la utilización de las fuerzas terrestres y celestiales.

La Séptuple Paz explica la utilización de estos poderes y fuerzas con una claridad total. Cada mediodía se celebraba una Contemplación con uno de los aspectos de la Paz y cada Sabbath era dedicado colectivamente también a uno de ellos. La totalidad del ciclo cubría todas las fases de la vida humana y era completado en siete semanas.

I - Paz con el Cuerpo

La palabra usada por los esenios para referirse al cuerpo físico, tanto en arameo como en hebreo, significaba las funciones corporales, actuar y moverse.

Esto difiere bastante de la concepción corporal de otras culturas. Los griegos, por ejemplo, admiraban al cuerpo por sus cualidades estéticas, sus proporciones y su belleza, no siendo conscientes de sus finalidades más profundas. Los romanos consideraban al cuerpo simplemente como un instrumento de fuerza y poder para conquistar naciones, para instalar el águila romana en tierras lejanas. Los cristianos medievales despreciaban al cuerpo, pensando que era el origen de todos los males y de todos los problemas y considerándolo como una barrera entre el hombre y Dios.

La concepción de los esenios era mucho más profunda que cualquiera de estas. Sabían que en el Cuerpo Actuante, tras una evolución de cientos de miles de años, están manifestadas todas las leyes de la vida y del cosmos; sabían que en él puede hallarse la clave de todo el universo.

Lo estudiaron en relación con la totalidad de la función del hombre en el universo y su concepto de esa función era mucho más grande que cualquier otro que haya jamás existido. Consideraban que el hombre desempeña tres papeles: uno en su evolución individual, otro en relación con el planeta en el que vive y un tercero como una unidad del cosmos.

El Cuerpo Actuante tiene un rol que jugar en cada uno de estos tres papeles. Es un producto divino, creado por la ley y la voluntad del Creador, en ningún modo inferior a cualquier otro instrumento del hombre ni a ninguna otra cosa existente en el universo. Su destino es que el hombre haga un uso consciente de sus energías terrenales y espirituales.

Los esenios sabían que el hombre no es un ser aislado en el universo, sino que es uno más entre otros seres, existentes tanto en la tierra como en otros planetas, todos los cuales poseen Cuerpos Actuantes que están evolucionando al igual que el cuerpo del hombre. Todos esos Cuerpos Actuantes están relacionados entre sí y unos afectan a otros. Por ello la salud y la vitalidad de cada individuo es de la mayor importancia para él y para todos los demás seres existentes en la tierra y en otros planetas.

Las prácticas diarias de los esenios estaban derivadas de este concepto dinámico y multifacético del Cuerpo Actuante como parte integral de la totalidad del universo. Su extraordinaria salud y su vitalidad eran consecuencia de ello.

Quienes ingresaban en la hermandad recibían un entrenamiento para perfeccionar el cuerpo actuante en sus tres papeles y se les enseñaba a adaptarlo a los constantemente cambiantes campos de fuerzas en los que vive y se mueve.

Se les enseñaba los efectos que sobre el organismo tienen diferentes comidas y también las distintas fuerzas naturales de la tierra, el sol, el aire y el agua. Se les pedía seguir ciertos rituales para utilizar tales fuerzas, como iniciar el día con una ablución en agua fría y exponer el cuerpo una vez al día a los rayos solares. A través de la experiencia práctica conocían el vitalizante poder del trabajo en el campo, en los huertos y en los jardines.

Aprendían que la enfermedad es originada por una desviación de la ley y aprendían a curar las enfermedades causadas por tales desviaciones. Se les enseñaban las cualidades curativas de diferentes yerbas y plantas, también la helioterapia, la hidroterapia y la dieta adecuada para cada enfermedad. Se les instruía en la forma correcta de respirar y sobre el poder que el pensamiento tiene sobre el cuerpo actuante.

Aprendían el valor material y espiritual de la moderación en todo y aprendían que el ayuno es un modo de regenerar el cuerpo, desarrollar la voluntad e incrementar el poder espiritual.

Estas prácticas generaban paz y armonía en el cuerpo actuante, pero nunca se le daba una importancia indebida. La consideración y los cuidados que se conferían al cuerpo eran para mantenerlo en buena salud como un instrumento a través del cual es posible realizar actos de sabiduría y de amor hacia los demás seres humanos. En este sentido el cuerpo actuante participaba de la evolución del individuo, de la evolución del planeta y de la evolución del cosmos, permitiendo al individuo convertirse en "co-creador con la ley y con Dios".

Esta era la primera paz practicada por los esenios, la paz con el cuerpo.

II - Paz con la Mente

La quintaesencia de la enseñanza de la Séptuple Paz estaba concentrada en la Paz con la Mente. En la terminología esenia la mente es quien crea los pensamientos.

Para los esenios el pensamiento era una fuerza superior, más poderosa que el sentimiento o la acción, pues es quien instiga a ambos.

A la totalidad de los pensamientos de una persona le llamaban su Cuerpo Pensante. La totalidad de los pensamientos de los cientos de millones de cuerpos pensantes de la tierra forman el Cuerpo Pensante de la Tierra y la totalidad de todos los pensamientos superiores del universo forman un Cuerpo Pensante Cósmico, o un Océano Cósmico de Pensamientos.

Los esenios consideraban que el Cuerpo Pensante del individuo, al igual que su Cuerpo Actuante, tenía tres funciones, una función individual, una función planetaria y una función cósmica.

Su función individual es utilizar el poder del pensamiento para dirigir y guiar las corrientes de sentimientos del Cuerpo Sintiente del individuo y las acciones de su cuerpo actuante. El Cuerpo Pensante puede hacerlo, pues interpenetra los Cuerpos Sintiente y Actuante.

Su función planetaria es contribuir con pensamientos nobles y elevados al Cuerpo Pensante Planetario. Los pensamientos de un individuo forman un campo de fuerza alrededor suyo, comparable al campo magnético que rodea al polo de un imán. En este campo de fuerza los pensamientos del individuo están continuamente surgiendo y siendo proyectados y al mismo tiempo recibe corrientes de pensamiento del Cuerpo Pensante Planetario, del cual forma parte. De este modo cada individuo se mueve, piensa, siente y actúa en la atmósfera planetaria de pensamientos que lo rodea, a la cual él mismo está constantemente contribuyendo, siendo responsable por los pensamientos que aporta a ella, por todos los pensamientos que emite.

La tercera función del Cuerpo Pensante, su función cósmica, no se llega a cumplir fácilmente. El océano cósmico de pensamientos, del que la atmósfera planetaria de pensamientos es solo una parte infinitesimal, está formado por todos los pensamientos del universo lo suficientemente elevados como para desprenderse de las fuerzas planetarias que los atraen hacia sus planetas respectivos. Sólo las corrientes de pensamiento elevadas que han logrado vencer las fuerzas gravitacionales del planeta se pueden unir al océano cósmico de pensamientos.

Este océano cósmico de pensamientos representa la perfección de la Ley, la omnipotencia de la Ley y la omnipresencia de la Ley. Ha existido siempre y existirá siempre. Es más antiguo que cualquiera de los planetas actuales del sistema solar, más antiguo que el propio sistema solar y que los sistemas galácticos y ultragalácticos. Eterno e infinito, dirige todos los pasos de la evolución cósmica y planetaria en el infinito océano de vida.

La función cósmica del Cuerpo Pensante Individual es crear pensamientos de una calidad tan elevada que puedan unirse a ese océano cósmico de pensamientos.

Los esenios consideraban que el Cuerpo Pensante es el mayor regalo que el hombre ha recibido de su Creador, pues él, y sólo él le confiere la posibilidad de ser consciente de la Ley, de entenderla, de trabajar en armonía con ella, de percibir sus manifestaciones en todo lo que le rodea, en él mismo, en cada célula, en cada molécula del cuerpo físico y en todo lo que es, y de comprender su omnipresencia y omnipotencia.

Al ser consciente de la Ley y entenderla, al actuar en armonía con ella, el hombre se convierte en co-creador junto con Dios. En todo el universo no existe nada más elevado ni más grande que esto.

Gracias a la poderosa fuerza del pensamiento, el hombre posee la capacidad y la libertad de realizar cualquier cosa que desee realmente, de lograr cualquiera que sea su aspiración, siempre que esté en armonía con la Ley.

Si el pensamiento del hombre está en armonía con la Ley, puede remediar cualquier desarmonía que haya podido crear en el pasado, puede recrear su Cuerpo Pensante, su Cuerpo Sintiente y su Cuerpo Actuante. Puede curar todas las enfermedades de su cuerpo físico y crear una completa armonía en su entorno y en su mundo.

Pero si las corrientes de pensamiento del Cuerpo Pensante no están en armonía con la Ley, no habrá nada que pueda crear esa armonía en el mundo del hombre.

Los esenios sabían que sólo una pequeña minoría de la humanidad hace uso de la gran capacidad del Cuerpo Pensante. Sabían que la inmensa mayoría usa su Cuerpo Pensante de un modo totalmente irresponsable, inconscientes de que sus pensamientos pueden servir para construir o para destruir. A través de sus mentes pasa una sucesión casi automática de ideas, sin dirección consciente alguna. Sin embargo incluso esos pensamientos a la deriva pueden crear poderosas fuerzas que actúan y pasan sobre el Cuerpo Sintiente y el Cuerpo Actuante, interpenetrando cada átomo y cada célula, haciendo vibrar cada partícula de ellos. Esas vibraciones generan y emiten radiaciones, ya sean armónicas o inarmónicas, según la naturaleza del pensamiento.

Si el hombre no es consciente de la Ley, se desvía de ella sin darse cuenta, pues está rodeado por campos de fuerzas inarmónicas que lo inducen a desviarse. Esas desviaciones son las que crean todas las imperfecciones de este mundo, todas las limitaciones y negaciones en sus pensamientos, en sus sentimientos, en su bienestar físico, en su entorno, en la sociedad y en el planeta entero. Cada vez que el hombre crea o acepta un pensamiento inferior, está dando entrada en este mundo a una fuerza inferior.

Esas fuerzas inferiores, según el impulso del pensamiento, reaccionan con su Cuerpo Sintiente. Ello crea desequilibrios emocionales que a su vez se reflejan en su cuerpo físico.

Ese desequilibrio automáticamente crea otra desviación mayor, mayores desarmonías y mayores enfermedades en los Cuerpos Sintiente y Actuante. Todas estas desarmonías y todas estas enfermedades generan un ambiente inarmónico alrededor del individuo, que afecta al pensar, al sentir y al actuar de los cuerpos de otros individuos que no son conscientes de la Ley y no saben cómo protegerse a sí mismos de los pensamientos inferiores creados por las desviaciones de otros.

De este modo, cada individuo que tiene un pensamiento inferior, un pensamiento limitante, negativo o inarmónico, inicia una reacción de desviaciones en cadena, que se extiende por todo el planeta y por los mundos planetarios, causando cada vez nuevas desviaciones, negaciones, limitaciones y desarmonías.

Esta desarmonía es contagiosa, al igual que lo son algunas enfermedades. Pero los grandes maestros esenios enseñaron al hombre cómo prevenir esas oleadas de desequilibrios justo en su origen, antes de que el pensamiento inarmónico se origine. Enseñaron el modo de pensar correcto, el modo de no desviarse de la Ley, de nunca recibir ni aceptar en la consciencia ningún pensamiento que no fuera perfecto.

Los maestros esenios también enseñaron que el hombre es libre, si así lo desea, de trabajar con la Ley, creando cada vez mayor armonía y perfección, tanto en su mundo como en el mundo exterior a él.

El hombre trata continuamente de buscar la manera de mejorar sus condiciones de vida, pero generalmente lo hace olvidándose de la Ley. Busca paz y armonía a través de los medios materiales, de la técnica y de los sistemas económicos, sin saber que la desarmonía que él mismo ha puesto en circulación nunca podrá ser remediada con medios materiales. El océano de sufrimiento y desarmonía que la humanidad ha creado solo podrá ser destruido cuando la humanidad ponga a funcionar en su cuerpo pensante la ley de la armonía. Sólo mediante una cooperación total con la Ley podrá la paz y la armonía reinar en el planeta.

Esta es la enseñanza de los antiguos esenios en lo que se refiere a la mente.

III - Paz con la Familia

La tercera paz de los Esenios, la paz con la familia, está relacionada con la armonía del Cuerpo Sintiente, con la armonía de las emociones.

Por familia, los esenios entendían el grupo de personas que estaba en su entorno inmediato, la gente que contactaban en su vida diaria y en sus pensamientos, su familia, sus amigos y sus compañeros. Según los esenios la armonía con tales personas depende del Cuerpo Sintiente.

La función natural del Cuerpo Sintiente es expresar amor. Esto se lo han dicho a la humanidad una vez y otra todos los grandes maestros, Jesús, Buda, Zoroastro, Moisés y los profetas. Según la Ley, el hombre debe amar a su Creador con todo su Cuerpo Pensante, Sintiente y Actuante. La vida en todas sus esferas, aspectos y manifestaciones no es más que una demostración del amor creativo.

El amor divino es una fuerza cósmica enorme. Es la Ley que gobierna todos los cuerpos del hombre, pero su expresión es más clara en el Cuerpo Sintiente.

El Cuerpo Sintiente está formado por todas las corrientes de sentimientos y emociones que un individuo experimenta y emite.

Al igual que todos los Cuerpos Pensantes de todos los individuos del plantea crean una atmósfera de pensamiento alrededor de él, todos los Cuerpos Sintientes crean también una atmósfera planetaria sintiente, invisible, pero con una enorme influencia y poder. Cada sentimiento y cada emoción creada por los individuos pasa a formar parte de la atmósfera sintiente de la tierra, creando una resonancia o vibración simultánea con los demás sentimientos semejantes existentes en la atmósfera de la tierra.

Al emitir un sentimiento inferior, su creador se sintoniza automáticamente con todos los demás sentimientos semejantes del Cuerpo Sintiente de la Tierra. Abre la puerta a una oleada de poder destructivo que le hace perder el control de sus sentimientos e incluso de su mente, amplificando sus bajos sentimientos iniciales, al igual que un altavoz amplifica los sonidos.

Esta fuerza destructiva afecta directamente al cuerpo físico del individuo. Afecta el funcionamiento de sus glándulas endocrinas y de todo el sistema glandular. Produce células enfermas que disminuyen su vitalidad, acortan su vida y causan un sufrimiento ilimitado. Por ello no es sorprendente que las estadísticas de los desórdenes nerviosos y también de muchas otras enfermedades no cesen de crecer, pese a todos los hospitales, sanatorios, organizaciones médicas, laboratorios y pese al innegable progreso de la medicina y de la higiene.

A través de su Cuerpo Sintiente, el hombre se ha convertido en un autómata que no cesa de intoxicarse a sí mismo, por haberse desviado de la Ley o por actuar sin conocimiento de la Ley, contra ella en lugar de hacerlo de acuerdo con ella.

Los esenios sabían que en el Cuerpo Sintiente de casi todas las personas existe una gran desarmonía. Estudiando los Cuerpos Sintientes de niños pequeños y de hombres primitivos descubrieron por qué.

El Cuerpo Sintiente de un niño pequeño registra antes que nada las manifestaciones de su primitivo instinto de conservación. Este instinto despierta tres emociones fundamentales: miedo, ira y amor. El miedo es originado por cualquier ruido o movimiento inesperado, la ira se origina cuando se interfiere con la libertad del niño y el amor surge de la satisfacción de su hambre y de sus necesidades. El miedo y la ira son sentimientos inferiores; el sentimiento del amor, aunque de un tipo superior, en el niño pequeño es muy rudimentario. El Cuerpo Sintiente del niño es un volcán de emociones, la mayoría de las cuales son inferiores. Su Cuerpo Pensante no ha comenzado todavía a funcionar.

El Cuerpo Sintiente del hombre primitivo es muy similar. Sus emociones, centradas alrededor de su instinto de conservación, son una fuerza muy poderosa, que domina totalmente a su embrionario Cuerpo Pensante.

Tanto en el niño como en el hombre primitivo el Cuerpo Sintiente se desarrolla mucho antes que el Cuerpo Pensante. Ello es necesario para proteger al cuerpo físico de los peligros, para conservar su vida. El instinto de conservación es una Ley de la naturaleza. Actuar de acuerdo a él está en armonía con la Ley hasta que el hombre desarrolla la facultad de pensar y puede entonces razonar el modo de escapar a los peligros.

Dado que el sentimiento ha dominado durante un período de tiempo mucho mayor que la mente, tiende a seguir dominando, incluso una vez que el niño ha crecido y que el hombre primitivo se ha convertido en civilizado. En la inmensa mayoría de la humanidad actual el Cuerpo Sintiente domina al Cuerpo Pensante.

Esta es la causa de la primera desviación de la ley por parte del ser humano.

Con el poder del pensamiento el hombre puede manejar cualquier situación que se presente en su vida de un modo mucho más adecuado que con la emoción no razonada. Sin embargo los actos de la mayoría de las personas no son con frecuencia sino la expresión de impulsos de su Cuerpo Sintiente, en lugar de serlo de pensamientos razonados. Ello origina un tremendo desequilibrio en sus cuerpos. Una vez que el hombre adulto ha desarrollado la facultad de pensar, es el pensamiento quien debe gobernar sus actos. Cuando permite que estos sean controlados por las emociones y los sentimientos, como ocurría en su infancia, está sacando de su ritmo natural y de su armonía a todas sus facultades.

Esto crea una situación psicológica regresiva, que afecta a la totalidad de su existencia. Como consecuencia de ello sus actos permanecen centrados en sí mismo y son egoístas, como lo son los del niño o los del hombre primitivo. Sin embargo, una vez que ha dejado de ser un salvaje o un niño, al actuar como ellos se está desviando de la Ley. Sus impulsos instintivos podrán servir a su progreso y a su evolución sólo si son controlados por la facultad pensante.

Esta desviación de la Ley tiene otras consecuencias.

La naturaleza ha dado al hombre la capacidad de pensar, a fin de que sea capaz de entender sus leyes y dirigir su vida en armonía con ellas. El hombre puede alcanzar un grado de evolución mucho más elevado a través del pensamiento, que si vive sólo guiado por el instinto. De este modo, al continuar dejando que su Cuerpo Sintiente sea el que controle sus actos, no sólo está retrasando su propia evolución, sino también la del planeta en su totalidad.

Generalmente el hombre no realiza el mínimo esfuerzo para entender la Ley, sino que la ignora, teniendo entonces que crear sus propias leyes, pequeñas y artificiales, basadas en el egoísmo. Todo ello levanta muros que lo separan del resto de la familia humana, de la naturaleza y de la Gran Ley, del Creador.

La desviación de la Ley en el Cuerpo Sintiente es el principio de una larga cadena, y la causa de la desarmonía y del sufrimiento que existen sobre la tierra.

Todos los grandes maestros de la humanidad han advertido al hombre durante miles de años sobre las terribles consecuencias que se producen cuando el Cuerpo Sintiente se desvía de la Ley. El Buda señaló que de ello sólo se deriva sufrimiento, sufrimiento para el individuo y sufrimiento para la humanidad.

Los esenios mostraron que el Cuerpo Sintiente puede ser el más poderoso instrumento para lograr salud, vitalidad y felicidad y que con su adecuado funcionamiento en la expresión del amor el hombre puede crear el reino de los cielos en sí mismo, a su alrededor y en toda la familia humana.

La paz esenia con la familia es la expresión de la Gran Ley en lo referente al amor de unos hacia otros; una Ley que es revelada a los niños pequeños, pero que generalmente se borra de la mente de los hombres.

IV - Paz con la Humanidad

La cuarta paz de los esenios se refería a la armonía entre grupos de personas, es decir, la paz social y económica.

La humanidad en ninguna época de la historia ha disfrutado de paz social. el hombre siempre ha explotado económicamente al hombre, siempre lo ha oprimido políticamente y siempre lo ha eliminado por la fuerza militar. Los esenios sabían que todas estas injusticias eran causadas por desviaciones de la Ley. Las mismas desviaciones que crean desarmonía en la vida personal del hombre, en su actuar, su pensar y su sentir, son las que producen la riqueza y la pobreza, los dueños, los esclavos y las agitaciones sociales.

Para los esenios tanto la riqueza como la pobreza eran desviaciones de la Ley.

Consideraban que las grandes riquezas se concentran en las manos de unos pocos sólo gracias a la explotación del hombre por el hombre, ya sea ésta de un modo u otro. Ello es causa de miseria, tanto para el opresor como para el oprimido. Las masas sienten la injusticia y ello origina en ellas emociones destructivas. Esto genera miedo en los corazones de los explotadores, miedo a las revueltas, miedo a perder sus posesiones y miedo a perder sus vidas.

La pobreza era igualmente considerada como una desviación de la Ley. Un hombre es pobre debido a erróneas actitudes en su pensar, en su sentir y en su actuar. Es pobre porque ignora la Ley y no trabaja de acuerdo a ella. Los esenios mostraron que existe abundancia de todo lo que el hombre necesita para su bienestar y su felicidad.

Tanto las limitaciones como la sobreabundancia son situaciones artificiales, son desvíos de la Ley. Ello genera círculos viciosos de miedo y odio y un ambiente permanente de desarmonía que afecta a los cuerpos pensantes, sintientes y actuantes de ambos, pobres y ricos, creando continuamente una situación de inquietud, guerra y caos. Esta ha sido la situación que ha prevalecido a lo largo de la historia.

Las consecuencias de estas desviaciones de la ley las sufren tanto los ricos como los pobres. Los esenios sabían que de ese círculo de opresión, odio, violencia, guerras y revoluciones no había salida, salvo que se aliviara la ignorancia del individuo. Y sabían también que se necesita mucho tiempo para que un ser cambie sus ideas y sus hábitos y aprenda a cooperar con la Ley. El cambio lo debe realizar el propio individuo, nadie puede hacerlo por él.

Sin embargo los esenios creían que sí es posible generar una comprensión cada vez mayor de la Ley, de un modo gradual, a través de la enseñanza y del ejemplo. Así, enseñaron un modo de existencia totalmente opuesto tanto a la pobreza como a la enorme riqueza. Demostraron en su vida diaria que si el hombre vive de acuerdo a la Ley, intenta comprenderla y coopera conscientemente con ella, no conocerá la necesidad y será capaz de mantener una armonía total en todos sus actos, en todos sus pensamientos y en todos sus sentimientos. Además, todas sus necesidades estarán cubiertas.

La solución que los esenios ofrecían para lograr una armonía económica y social puede ser aplicada en cualquier época; en el presente al igual que en el pasado. Contenía cuatro factores:

1. Separarse del ambiente caótico de las masas humanas que se niegan a obedecer la Ley cósmica y natural.
2. Establecer un sistema social práctico, basado en la Ley natural y cósmica.
3. Comunicar estas ideas al mundo exterior, a través de enseñanzas, curación y ayuda a las necesidades de los demás.
4. Atraer hacia sus comunidades a otros individuos lo suficientemente evolucionados como para desear cooperar con la Ley.

Los esenios se retiraron de la desarmonía de las ciudades y pueblos y formaron hermandades a las orillas de los ríos y lagos, donde podían vivir y trabajar obedeciendo a la Ley. Su sistema económico y social estaba totalmente basado en la Ley. En sus hermandades no había pobres ni ricos. Nadie carecía de aquello que le era necesario y nadie tenía exceso de cosas que no pudiera usar. Para ellos ambas situaciones eran igualmente erróneas.

Demostraron a la humanidad que el alimento y lo necesario para la vida diaria del hombre puede lograrse sin gran esfuerzo, a través del conocimiento de la Ley.

Las normas y reglas estrictas eran innecesarias, pues todos vivían de acuerdo a la Ley. El orden, la eficiencia y la libertad individual se daban en todas sus comunidades. Los esenios eran extremadamente prácticos y también elevadamente espirituales e intelectuales.

No tomaban parte en la política ni se involucraban en facciones políticas, pues sabían que ni los medios políticos, ni los militares podían cambiar la caótica situación del hombre. Mostraron con el ejemplo que la explotación y la opresión de otros eran totalmente innecesarias. Muchos historiadores han considerado a los esenios como los primeros reformadores sociales de la humanidad.

Sus hermandades eran parcialmente comunitarias. Cada miembro del grupo tenía su propia casa y un huerto lo suficientemente grande para cosechar en él lo que deseara, pero también tomaban parte en actividades comunales, siempre que su servicio fuera requerido, ya se tratara de llevar a pastar a los animales, de sembrar o de recoger aquellas cosechas que era más rentable efectuar en grandes extensiones.

Poseían gran habilidad agrícola y un profundo conocimiento de la vida vegetal, del suelo y de las condiciones climáticas. En zonas relativamente desiertas producían una gran variedad de frutas y verduras de la mayor calidad y en una abundancia tal que periódicamente distribuían sus sobrantes entre los necesitados. Su conocimiento científico les permitía realizar todo esto con muy pocas horas diarias de trabajo, teniendo así mucho tiempo para sus estudios y sus prácticas espirituales.

La naturaleza era su Biblia. Consideraban que el trabajo en el campo era altamente instructivo, siendo una especie de clave para la comprensión de la totalidad del universo y de sus leyes. Estudiaban los grandes libros de la naturaleza en sus vidas, como una inagotable fuente de conocimientos, a la vez que de energía y armonía. Cuando cavaban sus huertos y sembraban sus plantas, estaban en comunión con la vida vegetal, con los árboles, el sol, el suelo y la lluvia. De todas estas fuerzas recibían instrucción, placer y distracción.

Una de las razones de su gran éxito era su actitud hacia el trabajo. No lo consideraban como trabajo, sino como un medio de estudiar las fuerzas y las leyes de la naturaleza.

Esta era la mayor diferencia existente entre su sistema económico y los demás. Los vegetales y frutos que producían eran para ellos un mero resultado accidental de sus actividades; su verdadero premio era el conocimiento, la armonía y la vitalidad con la que enriquecían sus vidas. Para ellos la agricultura era un ritual. Un impresionante silencio reinaba entre ellos mientras trabajaban en armonía con la naturaleza, creando en sus comunidades un verdadero reino de los cielos.

Su organización social y económica era sólo una fase de la totalidad de su sistema de vida y de enseñanza. La consideraban como un medio, no como un fin en sí misma. Así, existía una armonía total entre sus actividades, sus pensamientos y sus sentimientos. Todos entregaban su tiempo y su energía sin medir las contribuciones de los demás. En este ambiente de armonía tanto interno como externo, la evolución del individuo progresaba firmemente.

Los esenios sabían que se necesitan muchas generaciones para lograr un cambio en la gente o en la humanidad como un todo, sin embargo mandaban maestros y sanadores al exterior, personas cuyas vidas y logros eran una manifestación de las verdades que enseñaban, a fin de poco a poco, ir estimulando en la humanidad el entendimiento y el deseo de vivir de acuerdo con la Ley.

La hermandad esenia del Mar Muerto mandó durante siglos maestros al exterior, como Juan el Bautista, Jesús y Juan el Amado. Una vez y otra advirtieron las consecuencias que las desviaciones de la Ley en sus aspectos económico y social tendrían para el hombre. Un profeta tras otro era enviado al exterior para advertir los peligros de las injusticias sociales que existían entonces y siguen todavía existiendo hoy.

La inmensa mayoría de la humanidad no quiso oír, no quiso acercarse a la comprensión de la paz social y económica. Sólo unos pocos individuos, los más evolucionados siguieron las enseñanzas.

Los esenios sabían que a través del efecto acumulativo del ejemplo y de la enseñanza, esa minoría que entendía y obedecía la Ley crecería algún día en las generaciones futuras, para finalmente, ser la mayoría de la humanidad.

Sin embargo todavía sólo muy de tarde en tarde, conoce el individuo esa cuarta paz de los esenios, la paz con la humanidad.

V - Paz con la Cultura

La paz con la cultura se refiere a la utilización de las obras maestras de sabiduría procedentes de todas las épocas, incluyendo la presente.

Los esenios consideraban que el hombre puede ocupar su lugar adecuado en el universo sólo absorbiendo todo el conocimiento que pueda de las grandes enseñanzas legadas por los maestros de sabiduría.

Según las tradiciones esenias esas obras maestras representan un tercio de todo el conocimiento. Para ellos existían tres senderos que conducen a la verdad. Uno es el sendero de la intuición, seguido por los místicos y los profetas. Otro es el sendero de la naturaleza, seguido por los científicos. Y el tercero es el sendero de la cultura, de las grandes obras maestras de la literatura y de las artes.

Los esenios conservaban en sus comunidades muchos manuscritos de gran valor, que estudiaban constantemente a través de un método que no se ha seguido en ninguna otra escuela de la antigüedad. Los estudiaban siguiendo los dos primeros senderos: *la intuición y la naturaleza.*

Mediante la intuición se esforzaban por aprehender la intuición original del maestro, despertando así su propia

Consciencia Superior. A través de la naturaleza -de la que los grandes maestros habían efectuado comparaciones para expresar su conocimiento intuitivo a las masas-, los esenios relacionaban sus propias observaciones intuitivas con la enseñanza de los maestros. Mediante esta comparación continua entre la naturaleza, sus propias intuiciones y las grandes obras maestras de la cultura, iba avanzando su evolución individual.

Se consideraba que era obligación de cada individuo adquirir la sabiduría de tales obras maestras a fin de que el conocimiento y sabiduría logrados por las generaciones pasadas pudiera ser utilizado por ellos. Sin tales enseñanzas el progreso y la evolución de la humanidad serían mucho más lentos, pues cada generación debería comenzar desde el principio. Con la cultura universal el hombre ha añadido algo nuevo al planeta, convirtiéndose así en creador, en "co-creador junto con Dios", cumpliendo su función planetaria al tiempo que continúa la obra de la creación.

La cultura universal tiene también un gran valor para la humanidad desde otros dos puntos de vista. *Primero,* representa los más elevados ideales que la humanidad haya tenido y *segundo,* representa una síntesis multifacética de conocimientos sobre los problemas de la vida y sobre la forma de solucionarlos.

Este conocimiento fue aportado por individuos altamente evolucionados, por maestros que tenían la facultad de contactar con las fuentes universales de conocimiento, energía y armonía que existen en el océano cósmico de pensamientos. Este contacto fue evidenciado por su dirección consciente de las fuerzas de la naturaleza, en formas que hoy serían consideradas milagros. Tales manifestaciones de poder atrajeron hacia ellos a un limitado número de seguidores, lo suficientemente avanzados en su evolución como para entender el profundo significado de las enseñanzas del maestro. Esos discípulos se esforzaron por conservar las verdades que les fueron enseñadas, escribiendo las palabras del maestro. Así ha sido el origen de todas las obras maestras de la literatura universal.

Las verdades contenidas en estas obras maestras son eternas. Son válidas para todas las épocas pues proceden de la eterna e inalterable fuente de todo conocimiento. Las leyes cósmicas y naturales, la naturaleza y la consciencia interna del hombre son exactamente las mismas hoy que hace dos mil o hace diez mil años. Estas enseñanzas no pertenecen a ninguna escuela de pensamiento ni a ninguna religión. Los esenios creían que el hombre debe estudiar todos los libros sagrados de la humanidad y todas las grandes contribuciones a la cultura, pues sabían que todas enseñan la misma sabiduría atemporal y que las aparentes contradicciones proceden siempre de la postura parcial de los seguidores que trataron de interpretarlas.

El objeto de su estudio, para los esenios, no era añadir algunos hechos adicionales al bagaje de conocimientos ya poseído por el individuo, sino abrir ante él las fuentes de la verdad universal. Ellos consideraban que cuando se lee uno de los libros sagrados de la humanidad, los símbolos, las letras y las palabras mismas crean en el Cuerpo Pensante poderosas vibraciones y fuertes corrientes de pensamiento. Esas vibraciones y esas corrientes sitúan al individuo en contacto con el Cuerpo Pensante del maestro que originó esa verdad, poniendo a su disposición una fuente de conocimientos, armonía y poder, no accesible de ningún otro modo. Este es el gran valor y el significado interno de la quinta paz de los esenios.

Esas grandes obras maestras fueron creadas en períodos en que la humanidad se encontraba inmersa en un gran caos. Las constantes desviaciones de la humanidad con respecto a la Ley parecen culminar en ciertos momentos originando una confusión masiva, un rompimiento que llega a amenazar con la desintegración del orden social y del modo de vida vigentes. En tales periodos es cuando aparecen los grandes maestros, a fin de mostrar al hombre el camino a seguir. Maestros como Zoroastro, Buda, Moisés y Jesús trajeron nuevos horizontes y nuevas esperanzas a la humanidad.

Ellos dieron sus enseñanzas en dos formas. Una era en forma de parábolas, que podían ser entendidas fácilmente por las masas. La otra, dada a la pequeña minoría de seguidores evolucionados, era transmitida directamente de la consciencia del maestro a la consciencia del discípulo. El primer tipo de enseñanza fue recogido en los libros exotéricos, pasando a formar parte de la tradición escrita. A la otra se le denominó la tradición no escrita y ésta fue la enseñanza esotérica que los discípulos escribieron para ellos mismos, no para el pueblo. Sin embargo, incluso los propios discípulos no siempre supieron entender e interpretar correctamente la sabiduría del maestro.

Algunos, pero sólo unos pocos de los libros contemporáneos contienen las mismas enseñanzas que nos legaron los maestros. Hoy son miles de personas las que escriben libros y son muchos los miles de libros que se publican cada año. Con una producción tan masiva es inevitable que la inmensa mayoría sea de una calidad ínfima, incluyendo a aquellos libros que se autoproclaman como portadores de la verdad. Por otro lado, el poco tiempo que el hombre moderno dedica a la lectura tiende a ser usado en obras efímeras y generalmente sin valor, mientras las obras maestras de las épocas pasadas acumulan polvo en los estantes de las bibliotecas.

Sin embargo antes de la invención de la imprenta sólo se conservaban aquellos manuscritos que poseyeran un auténtico valor real y sólo se producían libros extraordinarios. El hombre promedio no sabía leer ni escribir, pues las dificultades que debía superar para adquirir tales conocimientos eran enormes. Viajar hasta los centros de enseñanza suponía grandes peligros debido a la inseguridad de los caminos y a lo primitivo de los medios de transporte. Una vez llegado el estudiante tenía que servir durante años como aprendiz, antes de que se le considerara digno de recibir el conocimiento, dedicando luego largos años a su adquisición. Las dificultades materiales para crear un manuscrito eran también grandes. Por todo ello, sólo las obras de verdadero genio eran transmitidas a las generaciones posteriores y las pocas que han llegado hasta nosotros representan una sabiduría del más elevado orden.

Esta tercera parte de todo el conocimiento, representada por la cultura de la humanidad, era considerada por los esenios como necesaria para la evolución del hombre. De ninguna otra forma puede el hombre lograr una comprensión completa de las leyes de la vida, si no es poniéndose en contacto con el océano cósmico de pensamiento.

Este contacto, a través del pensamiento de los grandes maestros, es la sagrada finalidad y el inapreciable privilegio de la paz y la armonía con la cultura.

VI - Paz con el Reino de la Madre Terrenal

La sexta paz enseña la armonía con las leyes de la naturaleza terrestre, con el reino de la Madre Terrenal. La unidad del hombre con la naturaleza era un principio básico de la ciencia de la vida esenia.

El hombre es una parte integral de la naturaleza. Está gobernado por las leyes y las fuerzas de la naturaleza. Su salud, su vitalidad y su bienestar dependen del grado de armonía que tenga con las fuerzas de la tierra y ello se aplica tanto a un individuo como a una nación o a la totalidad del género humano.

La historia universal nos muestra cómo cada nación alcanzó su máximo esplendor siguiendo la gran de Ley de la unidad entre el hombre y la naturaleza. Cuando un pueblo lleva una vida simple y natural de cooperación con la naturaleza, su prosperidad y su vitalidad son florecientes. Sin embargo cuando una nación o una civilización se desvía de esa unidad, inevitablemente termina desintegrándose y desapareciendo.

Esa unidad entre el hombre y la naturaleza nunca ha sido tan transgredida como en los tiempos presentes. La construcción de las ciudades modernas está en total contraposición con la naturaleza. Los muros de piedra y cemento de las ciudades son símbolos de la separación existente entre el hombre y la naturaleza, de su modo de vida agresivo, que le lleva a someter a otros y a una continua competencia con los demás. La vida centralizada, técnica y mecanizada ha creado un abismo que nos separa de la naturaleza, un abismo que nunca antes fue tan grande y tan profundo como en la actualidad.

La unidad con la naturaleza es la base de la existencia del hombre en el planeta. Es la base de todo sistema económico, de toda relación social entre diferentes grupos de personas. Sin ella, la presente civilización, al igual que les ocurrió a las civilizaciones del pasado, camina hacia su ocaso.

Esa Ley de unidad era para los esenios la norma que guiaba la vida del hombre en el universo material.

La humanidad ha conocido la existencia de esta Ley desde los tiempos del cataclismo pleistocénico. De acuerdo a ciertas tradiciones basadas en jeroglíficos sumerios procedentes de hace diez mil años, la vida del hombre antidiluviano era predominantemente forestal, totalmente inseparable del bosque. La ciencia denomina al hombre de entonces homo sapiens sylvanus.

Los gigantescos árboles no sólo le servían de casa, sino que además regulaban la temperatura y la humedad de la atmósfera y producían alimento en abundancia. La ocupación básica del hombre era con los árboles. No sólo los cultivaba y tenía cuidado de ellos, sino que también creaba nuevas variedades, que producían nuevos tipos de frutos. El hombre de entonces era un gran arboricultor y vivía en armonía con todas las fuerzas de la naturaleza, colaborando con ella de todos los modos posibles, favoreciendo la extensión de los bosques y absteniéndose de dañar a los árboles.

Ese hombre antidiluviano de la época de los bosques, sin ningún tipo de desarrollo tecnológico, era una demostración casi perfecta de la gran Ley de unidad y armonía existente entre el hombre y la naturaleza. En la filosofía de todas las antiguas enseñanzas, la unidad del hombre con los bosques era una característica básica. La idea de la unidad entre el hombre y la naturaleza ha inspirado a grandes pensadores, filósofos y sistemas completos de pensamiento.

Zoroastro basó gran parte de su Zend Avesta en ella, buscando renovar las tradiciones antiguas y acercar al hombre a un modo armónico de vida, haciendo que colaborara con la naturaleza. Enseñó a sus seguidores que debían cuidar la capa superior del suelo, aprender a cultivar la tierra y estudiar las leyes de la naturaleza colaborando con ella a fin de mejorar el reino vegetal, ayudándole a extenderse por toda la superficie de la tierra. Pedía a sus seguidores que tomasen un papel activo en el desarrollo de todos y cada uno de los aspectos de la naturaleza, las plantas, los árboles y sus productos.

Aconsejaba a los padres que plantaran un árbol en el cumpleaños de cada uno de sus hijos, regalándole al cumplir su hijo los veintiún años, los veintiún árboles frutales y la tierra en la que crecían. Esa era una herencia que el hijo recibía, debiendo el padre enseñar al hijo todas las leyes de la agricultura práctica y de la colaboración con la naturaleza para que en el futuro fuera capaz de cubrir sus propias necesidades con las cosechas de la tierra.

Zoroastro enseñó que la ocupación ideal para un hombre es la agricultura, pues el trabajo con el suelo y su contacto con el sol, el aire y la lluvia lo mantiene en relación permanente con las fuerzas de la naturaleza, permitiéndole estudiar sus leyes. Consideraba que el estudio del gran libro de la naturaleza era el primer paso para crear la paz y la armonía en el reino de la Madre Terrenal.

La enseñanza de esa misma unidad apareció en la India inmediatamente después del Zend Avesta, en la filosofía védica del brahmanismo, en los Upanishads y posteriormente en las enseñanzas de Buda. La Ley brahmánica de la unidad: "Tú eres eso" (Tat Tvam Asi) expresa la unidad de todo, el universo, la naturaleza y el hombre. Los sabios de la India eran hombres de los bosques, que vivían en completa armonía con toda la creación.

El sacerdote caldeo Beroso, describió muy bien ese natural modo de vida.

Pero la más completa y poética expresión de la unidad del hombre con la naturaleza quizás esté contenida en el segundo capítulo del evangelio esenio de Juan, en el que Jesús adopta toda una terminología de la naturaleza para mostrar al hombre que es una parte integral de ella. Jesús enseñó esa unidad y advirtió de la necesidad de retornar a ella.

Tanto el hombre antidiluviano como el zoroastrianos, el brahmán, el budista y el esenio consideraban que los bosques y la naturaleza son el mejor amigo y protector del hombre, la madre que suministra sus necesidades más elementales. Nunca consideraron a la naturaleza como una fuerza extraña a la que había que someter, como hace el hombre moderno. Ambos símbolos, el bosque y el muro de piedra muestran la gran diferencia entre los conceptos antiguo y moderno de la naturaleza, entre la armónica y pacífica colaboración y los muros de piedra de las ciudades, con su destrucción de la vida vegetal, del suelo y del clima.

El hombre de hoy necesita aprender a estar en armonía y en paz con la naturaleza más que en ninguna otra época de la historia. Hay enormes regiones de la tierra en las que la capa superior del suelo se está deteriorando y desapareciendo. Nunca antes había ocurrido algo así. Nunca antes se había efectuado una destrucción tan masiva de los bosques como en la actualidad, y ello no ocurre en un país o dos, sino en los cinco continentes. Como consecuencia de la falta de cooperación del hombre con la naturaleza las zonas desérticas están aumentando, las sequías son cada vez más frecuentes y las inundaciones periódicas destruyen cada vez más la capa superior del suelo. El clima se está deteriorando de un modo inequívoco, frío excesivo, calor también excesivo y enormes plagas de insectos destruyen las cosechas en todo el mundo. En lugar de seguir la noble tradición de los esenios el hombre contemporáneo ha dejado de reconocer la gran Ley de la unidad, y por ello no colabora con la naturaleza. De este modo está deteriorando cada vez más su patrimonio, negándose a leer en el gran libro abierto que muestra todas las leyes de la vida y muestra la forma de aumentar la felicidad del ser humano.

Las enseñanzas esenias señalan el único modo correcto de organizar la vida del hombre sobre este planeta, la única base para lograr una humanidad sana: la paz con el reino de la Madre Terrenal.

VII - Paz con el Reino del Padre Celestial

Esta es la séptima paz e incluye en ella a todos los demás aspectos de la paz. El Reino del Padre Celestial es el Universo, la totalidad del cosmos. Está regido por la Unica Ley, que es la totalidad de todas las leyes. El Padre Celestial es la Ley.

La Ley está presente en todas partes. Está detrás de todo lo manifestado y detrás de todo lo no manifestado. Una piedra cae, una montaña se forma y los mares fluyen de acuerdo a la Ley. De acuerdo a la Ley surgen los sistemas solares, evolucionan y desaparecen. Las ideas, las sensaciones, las intuiciones vienen y van en la consciencia del hombre de acuerdo a la Ley. Todo cuanto existe, concreto o abstracto, material o inmaterial, visible o invisible, está gobernado por la Ley, por la Unica Ley.

La Ley carece de forma al igual que una ecuación matemática carece de forma, sin embargo contiene todo el conocimiento, todo el amor y todo el poder. Manifiesta eternamente toda la verdad y toda la realidad. Es el maestro y el amigo del hombre, mostrándole lo que debe hacer, lo que debe saber y el camino que debe seguir para evolucionar hacia el ser en el que un día se convertirá. La Ley guía al hombre en cada problema, a través de cada obstáculo, diciéndole en cada momento cuál es la solución perfecta.

Paz con la Ley significa paz y armonía con el océano cósmico de todas las fuerzas del universo. Mediante esta paz, el hombre entra en contacto con todas las corrientes superiores y con las radiaciones de todos los planetas del espacio cósmico. Mediante ella puede lograr la realización de su unidad con todas las fuerzas del universo, de la tierra y de todos los demás planetas del sistema solar y de todos los sistemas galácticos.

Mediante esta paz puede ser uno con los más elevados valores del universo, puede despertar la intuición interna que guió a los profetas y a los místicos de todas las épocas. Mediante esa paz, el hombre entra en contacto con su Creador.

Esta paz completa la evolución del hombre. Le confiere la felicidad total. Es su meta final.

El hombre forma parte de la totalidad del universo. Forma una unidad indivisible con el todo. Se cree a sí mismo separado porque ha llegado a ser consciente de él como individuo. Se ha vuelto consciente de sí y centrado en sí mismo mucho más allá del punto en el que ese centrarse en sí mismo era necesario para la conservación de su vida.

Este sentimiento de separación origina su consciencia de carencia, de limitación. En su mente se ve a sí mismo separado de la abundancia del universo, aislado de la fuente de toda abundancia. Esa abundancia es material e inmaterial. La tangible hace falta para cubrir las necesidades diarias y la invisible es el depósito universal de energía, vitalidad y fuerzas, la mayor de las cuales es el amor.

Los esenios consideraban que el hombre vive inmerso en un campo de fuerzas, tanto terrestres como planetarias y que su evolución individual progresa en el grado en que él colabore con dichas fuerzas. Pero existen también otras fuerzas de un orden superior, con las cuales es todavía más importante estar en armonía: son las corrientes espirituales del océano cósmico de consciencia. Estas elevadas corrientes no se confunden con las terrestres y planetarias. El hombre, a través de su propio esfuerzo y de su voluntad debe ascender hasta ese océano cósmico de vida universal. Entonces y sólo entonces, podrá realizar su unidad con la Ley.

Para entender esto claramente es necesario considerar al universo como un todo y comprender que es una totalidad, que incluye a todas sus partes, todo el amor, toda la vida, todo el conocimiento, todo el poder, toda la materia. Es la suma de todas las substancias de las que están formadas todas las cosas. Es la suma de todo el amor que está presente en todas partes, pues el amor es la fuerza coherente suprema, que mantiene juntas a todas las partes del universo. El hombre no puede seguir estando separado de su totalidad al igual que una célula de su cuerpo no puede separarse de él.

Los esenios hablaban de las tres partes del hombre: el Cuerpo Material (Actuante), el Cuerpo Sintiente y el Cuerpo Pensante, sin embargo eran conscientes de que esas tres partes no suponían en realidad división alguna pues todas son partes de un cuerpo más elevado, el Cuerpo Espiritual. Ese Cuerpo Espiritual es uno con todo el universo, formando al mismo tiempo parte de todo cuanto existe en él.

La no comprensión de esto crea en el hombre una infinita complejidad de falsas limitaciones. No sólo se limita a sí mismo en cuanto a la atención de sus necesidades materiales, sino también en cuanto a sus capacidades, sus habilidades y sus poderes para pensar, sentir y actuar. Vive una vida de mediocridad debido a esas falsas ideas de limitación con las que se estrecha a sí mismo. La ciencia moderna coincide con esto al manifestar que el hombre posee capacidades que muy raramente utiliza. Las enseñanzas esenias nos muestran que esta situación es causada por su sensación de separatividad, por sus autoimpuestas limitaciones en las cuales ha caído por desviarse de la Ley.

La paz con el reino del Padre Celestial es por ello sólo posible si el hombre elimina esas desviaciones y aprende a cooperar con la Ley, estableciendo paz y armonía con cada uno de los aspectos de la Séptuple Paz, los Cuerpos Actuante, Sintiente y Pensante, la familia, la humanidad, la cultura y la naturaleza. Sólo entonces podrá conocer la Séptuple Paz, la paz total.

Los esenios enseñaban esta paz a la humanidad a fin de que fuera capaz de vencer todas sus limitaciones y entrar en contacto con la fuente universal, la misma fuente con la que los maestros han unido su consciencia a través de las épocas cuando emitían sus enseñanzas intuitivas mostrando al hombre cómo ser consciente de la Ley, entenderla, trabajar con ella y manifestarla en sus actos.

Toda la historia no es más que una relación de las autoimpuestas limitaciones del hombre y de sus esfuerzos por vencerlas. Estos esfuerzos han sido realizados por individuos, por grupos, por naciones y también a nivel planetario. Pero casi siempre fueron efectuados negativamente, de un modo inarmónico, a través de la lucha y a través de más desviaciones de la Ley. Por ello sus consecuencias fueron crear todavía más limitaciones, más desarmonía y más separación de su Origen.

El reino del Padre Celestial está siempre disponible. La vuelta del hombre a la consciencia universal, a la abundancia universal es posible en cualquier momento. Todo lo que hace falta es que él tome la decisión de volver y haga el esfuerzo necesario. Puede regresar en cualquier momento a su Origen, a su Padre Celestial, del cual procede y del que en realidad nunca ha estado separado.

La gran paz de los esenios enseña al hombre cómo regresar, como dar el paso final que lo unirá con el océano cósmico de radiaciones superiores universales alcanzando la completa unión con el Padre Celestial, con la totalidad de la Ley, con la Unica Ley.

Esta era la meta final de todos los esenios, la que gobernaba cada uno de sus pensamientos, de sus sentimientos y de sus actos. Y esta es la meta final a la cual la humanidad llegará algún día.

EL SEPTUPLE VOTO

El voto que el neófito debía hacer antes que le fueran comunicadas las palabras de las Comuniones estaba dividido en siete partes, manteniendo así el uso esenio del número siete. Era como sigue:

1. Quiero y haré todo cuanto pueda para vivir como el Arbol de la Vida, plantado por los Grandes Maestros de la Hermandad, junto con mi Padre Celestial que plantó el Jardín Eterno del Universo y me dio mi espíritu; con mi Madre Terrenal que plantó el Gran Jardín de la tierra y me dio mi cuerpo; con mis hermanos que trabajan en el jardín de nuestra Hermandad.
2. Quiero y haré todo cuanto pueda para efectuar cada mañana mis Comuniones con los ángeles de la Madre Terrenal y cada tarde con los ángeles del Padre Celestial, como lo establecieron los Grandes Maestros de nuestra Hermandad.
3. Quiero y haré todo cuanto pueda para seguir el camino de la Séptuple Paz.
4. Quiero y haré todo cuanto pueda para perfeccionar mi Cuerpo Actuante, mi Cuerpo Sintiente y mi Cuerpo Pensante, de acuerdo a las enseñanzas de los Grandes Maestros de nuestra Hermandad.
5. Obedeceré con reverencia, siempre y en todo lugar, a mi Maestro, que me transmite la Luz de los Grandes Maestros de todos los tiempos.
6. Me someteré a mi Maestro y aceptaré su decisión en cuantas diferencias o quejas pueda yo tener contra alguno de mis hermanos que trabajan en el Jardín de nuestra Hermandad y nunca presentaré queja alguna contra un hermano del mundo exterior.

7. Siempre y en todo lugar mantendré secretas todas las tradiciones de nuestra Hermandad que mi Maestro me enseñe. Nunca revelaré a nadie estos secretos sin el permiso de mi Maestro. Nunca consideraré como mío el conocimiento recibido de mi Maestro y siempre reconoceré que me ha llegado a través de él. Nunca utilizaré el conocimiento ni el poder que adquiera a través de la iniciación recibida de mi Maestro para propósitos egoístas ni materiales.

*"Con la llegada del día
abrazo a mi Madre,
a la llegada de la noche
me uno con mi Padre,
y en el transcurso de la tarde y la mañana
respiraré su Ley,
y no interrumpiré estas Comuniones
hasta el final de los tiempos."*

Del "Manual de Disciplina"
(Rollos del Mar Muerto).

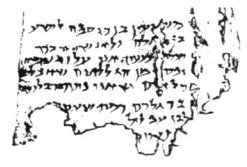

CAPITULO 7

Psicología Esenia

Los esenios expresaron un conocimiento psicológico excepcional en la práctica de sus Comuniones con las fuerzas naturales y cósmicas. Sabían que el hombre posee una mente consciente y una mente subconsciente y estaban muy enterados de los poderes de ambas.

Al hacer que un grupo de sus Comuniones fueran la primera actividad del día, ponían conscientemente en funcionamiento ciertas fuerzas que serían la clave durante todo el día. Sabían que todo pensamiento que sea mantenido en la consciencia con la fuerza suficiente al iniciar el día, influenciará al individuo durante todas sus horas de vigilia. En consecuencia, las Comuniones de la mañana abrían la mente a corrientes armónicas que les permitían absorber formas específicas de energía hacia el cuerpo físico.

Las Comuniones de la tarde, siendo el último acto realizado antes de irse a dormir, aplicaban el mismo principio. Los esenios sabían que esos últimos pensamientos del día influencian a la mente subconsciente durante toda la noche, de este modo las Comuniones de la tarde ponían al subconsciente en contacto con el depósito de fuerzas cósmicas superiores. Sabían que de este modo el sueño puede convertirse en una forma de adquirir el conocimiento más profundo.

El hombre promedio experimenta también esto de vez en cuando, descubriendo cómo un problema es resuelto durante su sueño, y generalmente de un modo muy diferente a su usual discurso de pensamiento. Muchos científicos, escritores y creadores diversos han descubierto que sus inventos e ideas les llegan durante la noche o en las primeras horas de la mañana.

Ese conocimiento recibido durante el sueño es consecuencia de una Ley natural. Aunque para la mayoría el sueño es poco más que un periodo de desintoxicación, un medio de reparación psicológica, para una pequeña minoría representa la perfección psicológica del individuo. Los esenios sabían que las elevadas fuerzas puestas en acción antes de irse a dormir, una vez calmados de las múltiples actividades del día, tendrían como resultado el logro progresivo de la meta de sus Comuniones de la tarde.

Sabían también que todo pensamiento negativo o inarmónico que mantuvieran en su consciencia al retirarse a dormir disminuiría su resistencia hacia las fuerzas negativas del mundo exterior.

Poseían un profundo conocimiento tanto del cuerpo como de la mente. Sabían que ambos no pueden ser separados puesto que forman una unidad dinámica y lo que afecta a uno afecta también al otro. Se anticiparon a la medicina psicosomática en varios miles de años.

Sabían que la salud del cuerpo tiene mucho que ver con la recepción de fuerzas superiores y sabían que un organismo desintoxicado puede establecer contacto con esas fuerzas mucho más fácilmente que uno parcialmente paralizado por el trabajo de eliminar las toxinas corporales durante las horas de sueño. Todas las revelaciones supremas que nos han llegado desde la antigüedad procedentes de los grandes pensadores y maestros fueron dadas por seres que invariablemente llevaban una vida simple y armónica. En consecuencia, sus cuerpos eran extremadamente sanos. No es por casualidad que las grandes revelaciones de la verdad fueran recibidas por los grandes Maestros; el hecho es que sus organismos habían desarrollado capacidades de las que carecen los individuos cuyas vidas están dedicadas a unas metas más terrenas. Las enseñanzas esenias y su modo de vida muestran cómo desarrollar esas capacidades.

Los esenios tenían mucho cuidado con que los alimentos que ingerían estuvieran en armonía con la Ley natural, siendo igualmente cuidadosos de su dieta de pensamientos y emociones. Sabían que la mente subconsciente es como una plancha sensible que registra todo lo que el individuo ve y oye, siendo por ello necesario evitar que todo pensamiento inferior, como de miedo, ansiedad, inseguridad, odio, ignorancia, egoísmo e intolerancia entre por la puerta de la mente subconsciente.

Tenían muy clara la Ley natural según la cual dos cosas no pueden ocupar el mismo espacio en el mismo momento y sabían que una persona no puede pensar dos cosas simultáneamente. Por lo tanto si la mente está ocupada con pensamientos positivos y armónicos, los negativos e inarmónicos no tendrán cabida en ella. Los pensamientos positivos y armónicos deben introducirse en el subconsciente para sustituir a los inferiores al igual que las células muertas del cuerpo deben constantemente ser sustituidas por otras nuevas. Esa era una de las funciones que realizaban las Comuniones esenias, introduciendo por la mañana, al mediodía y por la noche, corrientes elevadas de pensamiento y sentimiento en los Cuerpos Pensante y Sintiente.

El subconsciente puede regenerarse con una dieta de pensamientos y sentimientos buenos y armónicos administrada durante todo el día, pero muy especialmente en los momentos fronterizos de la consciencia, en los que la receptividad es mucho mayor. Siendo así regenerado se convierte en una fuente de energía y armonía para la mente y el cuerpo, se convierte en un amigo que manda mensajes constructivos y armónicos a cada una de las partes del cuerpo, haciendo que funcionen de un modo eficiente.

Algunos hechos conocidos por los esenios referentes a la introducción de un pensamiento o pensamientos en el subconsciente han sido redescubiertos por los psicólogos modernos. Es sabido que cuando una persona está plenamente consciente, su mente subconsciente no acepta fácilmente las sugestiones. Y cuando se halla en un estado subconsciente evidentemente no puede influenciar conscientemente al subconsciente. Sin embargo hay momentos en los que la consciencia está a medias sumergida en la subconsciencia, momentos así tienen lugar poco antes de dormirnos y justo después de despertarnos y también en instantes de ensoñación, ocasionados por la belleza de la música o de la poesía. En esos instantes la mente subconsciente es mucho más receptiva.

Muchas enseñanzas de las grandes religiones y muchas prácticas de los sistemas filosóficos antiguos y modernos, tanto de oriente como de occidente -al igual que ocurría con los esenios-, tienen en cuenta este importante hecho psicológico.

El subconsciente es dinámico, siempre cambiante, como las células del cuerpo, y está siendo constantemente alimentado por las experiencias e impresiones que recibe de la mente consciente. Estas experiencias incluyen todos los pensamientos y sentimientos mantenidos con la suficiente fuerza como para crear una impresión en él. Las experiencias traumáticas de la infancia fueron sentidas con gran intensidad y así impresionaron a la mente subconsciente, sin luego ser nunca reemplazadas por otras impresiones y experiencias más constructivas.

Se ha definido el subconsciente como la totalidad de las experiencias de un individuo, desde su nacimiento hasta el momento presente. Cada nueva experiencia dinámica lo modifica y así puede ser conscientemente modificado, según la intensidad de la impresión que se introduzca en él. Cuanto más intensa sea una impresión, más fácilmente pasará y más durará en el subconsciente.

Los esenios conocían también otros factores que intervienen en la aceptación de un pensamiento o un sentimiento por parte de la mente subconsciente. Uno de ellos es el hecho de que si la mente consciente no acepta el pensamiento en cuestión como una realidad o una posibilidad, la mente subconsciente lo rechazará igualmente.

Otro es la necesidad de que el pensamiento sea proyectado hacia el subconsciente sin esfuerzo, de un modo espontáneo. Si se realiza algún esfuerzo, automáticamente es evocado el estado totalmente consciente, y entonces el subconsciente no se puede alcanzar. Para actuar de un modo espontáneo y sin esfuerzo es necesaria una relajación completa, de mente y de cuerpo. La relajación formaba parte de las prácticas esenias.

La *primera etapa* de su relajación la efectuaban liberando las tensiones, contrayendo un grupo de músculos después de otro en las diferentes partes del cuerpo; la *segunda etapa* era una respiración superficial, que reducía el oxígeno ingresado en los pulmones haciendo así decrecer la actividad de los nervios y de otras partes del organismo, ya que relajación y actividad no pueden tener lugar simultáneamente. El *tercer paso* era evitar todo pensamiento, algo muy difícil para el hombre de hoy. *Una forma de realizar esto era imaginarse, en una oscuridad y un silencio total, la oscuridad de un terciopelo negro, sin pensar en nada más*. Mediante estos tres pasos los esenios lograban una especie de semisciencia, en la cual era posible introducir en el subconsciente nuevos pensamientos y nuevos sentimientos.

El pensamiento introducido de este modo debía ser lo suficientemente rítmico como para mantener el estado de relajación y semiconsciencia. Y debía tener la fuerza suficiente como para penetrar en el subconsciente y ser totalmente aceptado por él como una realidad. En las Comuniones esenias todas estas condiciones necesarias para instalar pensamientos y sentimientos en la mente subconsciente, eran debidamente cumplidas.

> Se hacía ver a cada individuo que él era totalmente responsable de lo que introducía en su mente subconsciente, del tipo de células que construía en ella. Podía desviarse de la Ley y *convertirse en un esclavo de su subconsciente o bien podía tomar un papel activo en su regeneración.*

El conocimiento esenio de la mente consciente era tan profundo como su comprensión del subconsciente. Sabían que los objetivos de sus Comuniones no podían ser alcanzados sólo mediante un proceso intelectual, sino que la fuerza de los sentimientos era también necesaria. Para que una acción se produzca, es siempre necesario que el conocimiento despierte algún tipo de emoción. Al contrario de lo que mucha gente cree, el sentimiento no es necesariamente un proceso involuntario. Puede también ser parte de la actividad de la voluntad. Para los esenios la voluntad era el mecanismo que podía originar tres factores: pensamientos, sentimientos y acciones.

Este concepto podría ser ilustrado en términos modernos estableciendo una comparación con las partes de un automóvil. El pensamiento es el volante; el sentimiento es el motor, o la fuerza; y la acción son las ruedas. Para llegar a cualquier destino previamente decidido por la voluntad las tres partes deben trabajar en colaboración. Se piensa en un objetivo, se despierta un sentimiento y una acción es realizada.

La voluntad puede utilizarse para despertar un sentimiento y con frecuencia debe ser utilizada para este fin. Ello requiere un entrenamiento. Los esenios tenían una técnica que permitía al individuo usar su voluntad del modo que ellos decidieran.

Pocos son los que conocen esto; pocos saben que sus sentimientos pueden ser amaestrados. No lo saben porque ignoran cómo conectar sus pensamientos con sus sentimientos a fin de lograr que la acción deseada tenga lugar. Tal vez poseen el conocimiento adecuado, pero sus actos son muchas veces contrarios a ese conocimiento. Tal vez poseen el conocimiento necesario sobre la salud, por ejemplo, pero siguen tomando alimentos que son dañinos para ellos. Sin embargo una emoción, como el miedo al dolor o la muerte, podría hacerlos actuar correctamente.

De las tres fuerzas, pensamiento, sentimiento y acción, el pensamiento es la más joven y en consecuencia la más débil, la que menos influencia tiene sobre la consciencia del hombre. Pero el hombre está evolucionando, y el poder de su pensamiento se incrementa paulatinamente. El pensamiento es el título de nobleza del hombre. Es una facultad que está totalmente bajo su control individual, puede pensar sobre cualquier objeto que desee. Y también puede controlar sus sentimientos a través del pensamiento.

Los sentimientos tienen una historia de cientos de miles de años y por ello poseen mucho más empuje que el pensamiento. Así, son ellos y no el pensamiento, quien gobierna la mayoría de los actos del hombre. El instinto controla a los animales. Pero el hombre, si desea realmente progresar, debe aprender a controlar a ambos, al instinto y al sentimiento. Y esto lo puede hacer mediante la voluntad.

Los esenios pensaban que el hombre debía analizar sus pensamientos y sus sentimientos para descubrir cuales de ellos le conferían fuerza para actuar y cuales lo paralizaban.

Si se esfuerza en este análisis y descubre qué pensamientos y sentimientos lo impulsan a una cierta acción, sabrá qué tipo de pensamientos y de sentimientos debe potenciar en él.

Descubrirá que un acto nunca tiene lugar como consecuencia de un pensamiento abstracto ni de un frío concepto intelectual. Todo acto es originado por un pensamiento que posee vitalidad y color, por un pensamiento que evoca un sentimiento. Sólo así tendrá la suficiente fuerza como para generar una acción.

El color y la vitalidad le son dados al pensamiento a través de la imaginación creativa. Los pensamientos deben crear imágenes vivas. Los pueblos orientales han practicado desde lejanos tiempos el arte de crear pensamientos vivos, llenos de imaginación y de color. Pero este es un arte que en occidente ha sido olvidado e ignorado.

Los pensamientos dispersos e incoherentes que saltan de un objeto a otro son sólo pálidos fantasmas, sin vida. Son estériles, no despiertan ningún sentimiento, ninguna acción. Carecen de valor.

Detrás de cada acción hay siempre un sentimiento. Para producir la acción correcta es necesario el sentimiento correcto. Los sentimientos correctos son fuentes de energía, armonía y felicidad. Si un sentimiento no origina tales cualidades no sólo carece de valor sino que es peligroso.

Todo sentimiento cae dentro de una de estas dos categorías: "los que generan energía y los que la agotan". Mediante este análisis, el hombre puede empezar a desarrollar la voluntad.

Reforzando los sentimientos que crean energía y evitando aquellos que la agotan los esenios descubrieron que la voluntad es algo que se va adquiriendo. Ejercitar la voluntad significa un esfuerzo perseverante y paciente. A través de ese esfuerzo, los sentimientos elevados de un individuo crearán gradualmente un gran depósito de energía y armonía y los inferiores, que sólo generan debilidad y desequilibrio, serán eliminados.

El sentimiento que genera la mayor cantidad de energía es el amor, en todas sus manifestaciones, pues el amor es la fuente primordial de toda existencia, de todas las fuentes de energía, de armonía y de conocimiento. Manifestado en la naturaleza terrestre confiere todo lo necesario para la salud. Manifestado en el organismo humano confiere armonía dinámica entre todas las células, órganos y sentidos del cuerpo. Manifestado en la consciencia posibilita al hombre la comprensión de la Ley natural y cósmica, incluyendo las leyes sociales y culturales, y le hace emplearlas como fuentes de armonía y conocimiento. La clave de la manifestación de esta enorme fuente de energía es la voluntad.

Los tres enemigos de la voluntad son, la dispersión de la energía, la pereza y la sensualidad. Los tres pueden conducir a otro enorme enemigo de la voluntad: la enfermedad. La buena salud es el mayor amigo de la voluntad. Un individuo saludablemente dinámico ordena y su voluntad obedece; sin embargo tanto el dolor muscular como la debilidad nerviosa paralizan la voluntad. Este era uno de los motivos por los que los esenios ponían tanto empeño en la buena salud y en el modo de vida y de pensamiento que la generan.

La práctica de las Comuniones requería de un ejercicio y de un uso continuo de la voluntad. Los esenios consideraban que todo lo importante en la cultura humana ha sido creado gracias a la voluntad y que los verdaderos valores son sólo creados por aquellos que utilizan su voluntad. Así se dieron cuenta de la necesidad de educar la voluntad y consideraron que *la clave de esa educación es la dirección de los sentimientos mediante una imaginación poderosamente creativa.*

Mediante su profunda comprensión de las fuerzas psicológicas las Comuniones esenias enseñaban al hombre el camino hacia la libertad, el camino para liberarse de la ciega aceptación de las situaciones negativas, ya fueran estas en el cuerpo físico o en la mente. Mostraban la vía de la evolución óptima, tanto del cuerpo como de la mente.

*"El asignó al hombre dos espíritus
con los que debía caminar.
Son los espíritus de la verdad y de la falsedad,
la verdad, nacida de la fuente de la Luz,
la falsedad procedente del pozo de la oscuridad.
El dominio de todos los hijos de la verdad
está en las manos de los Angeles de la Luz
para que caminen por el sendero de la Luz.
Los espíritus de la verdad y de la falsedad luchan
en el corazón del hombre,
comportándose con sabiduría y con locura.
En tanto el hombre acepte la verdad
evitará la falsedad."*

*"Bienaventurados todos aquellos
que cumplen la Ley,
que andan con la verdad en todos sus caminos.
Que la Ley los bendiga con todo lo bueno,
los guarde de todo mal,
ilumine sus corazones con la intuición
de las cosas de la vida
y les confiera el conocimiento de lo eterno."*

Del "Manual de Disciplina"
(Rollos del Mar Muerto).

CAPITULO 8

El Inventario Individual

Hace miles de años, los esenios poseían un sistema de psicoanálisis mucho más completo que el psicoanálisis practicado hoy. Está alejado de nosotros en el tiempo, pero posee una cualidad universal de la que la psicoterapia moderna carece.

Representa un inventario personal de los ideales esenios de conducta y evolución individual y puede resultar de gran valor al hombre contemporáneo como un control de su equilibrio y de su armonía con la Ley.

Los esenios, considerando que el hombre vive inmerso en un campo de fuerzas, sabían que las fuerzas cósmicas y naturales que lo rodeaban y fluían a través de él eran superiores y positivas. Pero también sabían que el hombre, mediante sus desviaciones de la Ley en pensamiento, sentimiento y acción, crea constantemente fuerzas inferiores y negativas, en medio de las cuales también vive. Está conectado con todas estas fuerzas y no puede separarse de ellas; además, consciente o inconscientemente está siempre cooperando con ellas, ya sea con las superiores o con las inferiores. *No puede ser neutral*.

En el sistema esenio, que ya había sido practicado en tiempos de Zoroastro, el individuo hacía un autoanálisis semanal de todos sus pensamientos, sentimientos y actos. Este inventario mostraba en qué proporción estaba cooperando con las fuerzas superiores o desviándose de ellas y le daba una información clara de su carácter, de sus habilidades y de su situación física, todo ello indicativo de su grado de evolución en la vida.

Este análisis le permitía reconocer sus puntos fuertes y débiles. Y así, esforzándose vigorosamente para hacer que su pensar, su sentir y su actuar fueran cada vez mejores, progresaba en su evolución.

Habrá quienes crean que con todos los adelantos de las ciencias modernas es innecesario retroceder a una enseñanza de hace 8000 años. La cuestión es hallar en qué grado los descubrimientos de la ciencia moderna han contribuido a la felicidad y al bienestar del individuo. Tanto la inseguridad y neurosis generalizadas como la habitual inquietud económica y social, hacen que la respuesta sea definitivamente negativa. El hombre ha logrado acumular una enorme cantidad de conocimientos teóricos en el marco de su cultura científica, pero ello no ha servido para mejorar su felicidad ni su evolución individual. No ha servido para conectarlo con el universo, con el sistema cósmico, ni para mostrarle su lugar y su papel en él.

Sin ese conocimiento el hombre no puede seguir el sendero de su evolución ni tampoco colaborar en la evolución del planeta.

La neurosis actual está originada por las desviaciones de la Ley de la armonía con las fuerzas naturales y cósmicas. El hombre que haga todo lo posible por vivir en armonía con tales fuerzas nunca sufrirá de neurosis.

Hoy la psicología tiende a acentuar sólo una o dos de esas fuerzas naturales. Freud, por ejemplo, consideraba que las desviaciones de la Ley del sexo natural eran las causantes de la desarmonía del hombre. Otros, se han centrado en otros tipos de desviación. Sin embargo el sistema practicado en tiempos de Zoroastro consideraba que la armonía con todas las fuerzas naturales y cósmicas era necesaria para la salud total y para el equilibrio psicológico. Su superioridad sobre otros sistemas se basa en su cualidad universal.

Nos muestra que este trabajo de "automejora" debe ser efectuado día a día, por el propio individuo. El psicoanálisis, sin embargo, depende en gran parte del analista, pues la persona analizada asume un papel bastante pasivo. En el método zoroastriano el logro de la armonía individual es una tarea del individuo, que se prolonga además durante toda su vida, no es algo fácil que pueda ser completado en un par de años o menos.

Los dieciséis elementos utilizados en este sistema abarcan todos y cada uno de los aspectos de la vida humana. En cierto grado, se corresponden con las catorce fuerzas simbolizadas en el Arbol de la Vida esenio. No fue el propósito de los esenios, ni en tiempos de Zoroastro ni después, dividir las fuerzas naturales y cósmicas en patrones rígidos o artificiales, sino simplemente quisieron considerarlas de una forma que expresara claramente su valor y su utilidad en la vida humana.

En el análisis no se buscaba la perfección, sino que el individuo era más bien instado a esforzarse continuamente para mejorar sus relaciones con cada una de esas dieciséis fuerzas y para lograr una armonía cada vez mayor en la utilización de sus poderes y sus energías. Quien haga esto disfrutará de una vida activamente creativa que le traerá la mayor felicidad, al tiempo que sirve a los demás. Quien siga desviándose hallará la vida cada vez menos interesante, y al mismo tiempo su frustración y su miseria aumentarán cada vez más.

Las enseñanzas de los esenios daban al hombre un claro conocimiento de su lugar y de su papel en el universo y su método de autoanálisis semanal le permitía saber lo claramente que había entendido la enseñanza y lo adecuadamente que la estaba practicando en el sendero de su evolución individual.

De las dieciséis fuerzas que se utilizaban para el análisis, ocho correspondían a las fuerzas terrenales y ocho a las cósmicas. Las fuerzas terrenales eran el sol, el agua, el aire, el alimento, el hombre, la tierra, la salud y la alegría. Las cósmicas eran el poder, el amor, la sabiduría, la conservación, el Creador, la vida eterna, el trabajo y la paz.

El análisis consideraba cada una de estas fuerzas bajo tres aspectos diferentes:
1. Sobre si la fuerza o poder era debidamente comprendida.
2. Sobre si el individuo entendía el significado de esta fuerza profunda y sinceramente.
3. Sobre si la fuerza era utilizada continuamente y del mejor modo posible.

LAS FUERZAS TERRENALES

Los significados y usos de las fuerzas terrenales eran los siguientes:

1. **El sol** es una muy importante fuente de energía y su poder debe ser contactado y utilizado al máximo cada día, en la forma más adecuada para la salud y el bienestar del individuo.

2. **El Agua** es un elemento esencial para la vida. Debe ser utilizada del modo adecuado en la alimentación y cada mañana del año debe tomarse un baño en agua.

3. **El aire** juega un tremendo papel en la salud del cuerpo, por lo que debe pasarse todo el tiempo que se pueda

en el exterior, respirando aire puro y fresco y utilizando las energías de la atmósfera para la salud.

4. **El alimento** debe ser el adecuado y debe tomarse en la cantidad correcta para que suministre la fuerza vital al organismo.

5. **El hombre** se consideraba una fuerza que representa el derecho y la responsabilidad de cada uno con respecto a su propia evolución. El individuo debe usar cada momento para impulsar su progreso en la vida y ese es un trabajo que nadie puede realizar por él. Debe saber y entender sus propias potencialidades y hallar el modo más práctico de desarrollarlas y utilizarlas para el servicio de la humanidad.

6. **La tierra** representa los dos aspectos de la fuerza generativa, que crea la vida en el planeta. Uno de ellos crea la vida del suelo, produciendo los árboles y toda la vegetación. El otro se manifiesta en la energía sexual del hombre. El individuo debe comprender y utilizar del modo mejor posible las formas de hacer crecer plantas y alimentos y debe llevar una sexualidad armónica.

7. **La salud** depende de la relación armónica del hombre con las fuerzas de la tierra, con el sol, el agua, el aire, el alimento, la tierra y la alegría. El individuo debe darse cuenta de que una buena salud le beneficia a él y a los demás y de que debe hacer todo lo posible con sus pensamientos, sentimientos y actos para mejorar su salud.

8. **La alegría** es un derecho esencial del hombre; debe realizar todas sus actividades diarias con una profunda alegría que surgiendo de él, irradie a su alrededor y debe comprender lo importante que ello es para él y para los demás.

Estas son las fuerzas de la naturaleza que el hombre debe aprender, comprender y utilizar. Las siguientes ocho son fuerzas del cosmos cuya importancia es todavía mayor para la vida del hombre pues no es posible vivir en armonía con las fuerzas terrenales a menos que esté también en armonía con los poderes celestiales.

LAS FUERZAS COSMICAS

1. El **poder** es continuamente manifestado en las acciones del hombre, las cuales son el resultado se su cooperación o falta de cooperación con todos los demás poderes y fuerzas, de acuerdo con la férrea Ley de causa y efecto. El individuo debe entender la importancia de los buenos actos y debe darse cuenta de que su personalidad, su posición y su entorno en la vida son el resultado de sus acciones pasadas y que su futuro será exactamente como sus actos presentes lo hagan. Por ello debe esforzarse en todo momento por realizar buenas acciones que expresen armonía con las leyes tanto de la naturaleza como del cosmos.

2. El **amor** se expresa en forma de palabras amables hacia los demás, lo cual afecta a la salud del individuo tanto como a la salud de los otros. El amor sincero hacia todos los seres debe manifestarse mediante palabras y sentimientos armónicos.

3. La **sabiduría** se manifiesta en forma de buenos pensamientos y es un privilegio y un derecho del hombre el incrementar su conocimiento y su comprensión en todos los modos que sean posibles, a fin de que pueda pensar sólo buenos pensamientos. El individuo deberá buscar el modo de acrecentar su sabiduría y de comprender cada vez más el orden cósmico y el papel que él desempeña en ese orden. Unicamente alcanzando un cierto grado de sabiduría podrá aprender a mantener sólo pensamientos buenos en su consciencia y a rechazar los negativos y destructivos, ya sean sobre una persona, un lugar, una situación o una cosa.

4. La **conservación** de los valores se refiere a la facultad de preservar todo aquello que sea útil y tenga un valor

verdadero, ya se trate de un árbol, una planta, una casa, una relación entre personas o cualquier tipo de armonía. Cuando alguien destruye o deja que alguna cosa buena se estropee, se deteriore o sea dañada, ya se trate de algo material o inmaterial, está cooperando con las fuerzas destructivas del mundo. Deben utilizarse todas las oportunidades que surjan para conservar sin daño todo lo que tenga algún valor.

5. La **creación** significa la necesidad que tiene el hombre de utilizar sus poderes creativos, pues su papel en este planeta es continuar la obra del Creador. Por ello debe tratar de hacer algo original y creativo, algo nuevo y diferente, con toda la frecuencia de que sea capaz, ya se trate de un invento de algún tipo, de una obra de arte o de cualquier cosa que pueda beneficiar a los demás.

6. La **vida eterna** tiene que ver con la sinceridad del hombre para consigo mismo y para con los demás, en todos sus actos y con todas las personas con las que se encuentre. Debe ser profundamente sincero al analizar sus relaciones y su comprensión y utilización de las fuerzas de la naturaleza y del cosmos. Debe hacer todos los esfuerzos que pueda para evaluarse a sí mismo con honestidad, como realmente es, sin racionalizar ni justificar lo que hace, piensa o dice.

7. El **trabajo** es una condición básica para muchos otros valores. Significa el cumplimiento de nuestras labores diarias con cuidado y eficiencia. Es la contribución del individuo a la sociedad y es algo necesario para la felicidad de todos los implicados, pues cuando alguien no hace su trabajo debidamente, otros tienen que hacerlo. El hombre debe aprender a experimentar un profundo sentimiento de satisfacción en su trabajo, devolviendo de este modo a la sociedad, todo lo que recibe de ella.

8. La **paz** debe ser creada y mantenida por cada individuo, en su interior y alrededor de él mismo, para que sea

un instrumento que ayude a prevenir la desarmonía, la enemistad y las guerras, pues la situación de la humanidad en su conjunto depende de la situación de sus átomos, los individuos que la componen. El individuo debe sentir una profunda necesidad de esa paz interna y debe hacer todo cuanto pueda para establecerla y mantenerla allí donde él se halle.

La persona que se evalúe a sí misma de acuerdo a estos dieciséis elementos de la vida sabrá claramente qué aspectos de su desarrollo personal pueden mejorarse y de qué modos puede ayudar a la evolución de la humanidad.

Actuando de este modo se aproximará a su meta final, la meta hacia la que toda la humanidad se mueve, la unión con el Padre Celestial.

*"He alcanzado la visión interna
y a través de Tu espíritu en mí
he escuchado Tu maravilloso secreto.
A través de Tu revelación mística
has hecho que una fuente de conocimiento
surja en mi interior,
una fuente de poder,
que mana aguas vivas,
un flujo de amor,
y un conocimiento todo-abarcante,
como el esplendor de la Luz eterna."*

Del "Libro de los Himnos"
(Rollos del Mar Muerto)

INDICE

Prefacio	11
Cap. 1 - Los Esenios y sus enseñanzas	15
Cap. 2 - La única Ley..	21
Cap. 3 - El árbol de la vida esenio	29
Cap. 4 - Las comuniones esenias	35
Las comuniones de la mañana......................................	36
La Madre Terrenal...	36
El Angel de la Tierra	37
El Angel de la Vida	38
El Angel de la Alegría	38
El Angel del Sol	38
El Angel del Agua	39
El Angel del Aire...	40
Las comuniones de la tarde	40
El Padre Celestial...	40
El Angel de la Vida Eterna..............................	41
El Angel del Trabajo Creativo	42
El Angel de la Paz	42
El Angel de la Fuerza	43
El Angel del Amor	43
El Angel de la Sabiduría	44
Las contemplaciones del mediodía..............................	45
El Gran Sabbath...	47
Cap. 5 - Las comuniones esenias	49
Prólogo de las comuniones..	50
Fórmulas para las comuniones de la mañana	51
Fórmulas para las comuniones de la tarde....................	53
Fórmulas de las contemplaciones.................................	56
Cap. 6 - La Séptuple Paz..	63
Paz con el cuerpo...	64
Paz con la mente..	66
Paz con la familia	71
Paz con la humanidad..	75

Paz con la cultura	80
Paz con el reino de la Madre Terrenal	84
Paz con el reino del Padre Celestial	89
El Séptuple voto	93
Cap. 7 - Psicología esenia	97
Cap. 8 - El inventario individual...	109
Las fuerzas terrenales	112
Las fuerzas cósmicas	114

**Otras obras de Edmond Bordeaux Szekely
publicadas por esta editorial:**

EL EVANGELIO DE LOS ESENIOS
EL EVANGELIO DE LOS ESENIOS II
EL EVANGELIO DE LOS ESENIOS III Y IV
EL LIBRO ESENIO DE LA CREACION

Obras en inglés de Edmond Bordeaux Szekely

THE ESSENE WAY - BIOGENIC LIVING. The Essene-Biogenic Encyclopedia.	US$ 8.80
THE ESSENE WAY - BIOGENIC LIVING. Hard-Cover Limited Edition.	15.00
THE ESSENE GOSPEL OF PEACE, BOOK ONE. 1 Million Copies, 23 Languages.	1.00
ESSENE GOSPEL OF PEACE, BOOK 2: The Unknown Books of the Essenes.	7.50
ESSENE GOSPEL OF PEACE, BOOK 3: Lost Scrolls of the Essene Brotherhodd.	7.50
ESSENE GOSPEL OF PEACE, BOOK 4: The Teachings of the Elect.	5.95
DISCOVERY OF THE ESSENE GOSPEL OF PEACE. The Essenes & the Vatican.	5.95
THE ESSENE BOOK OF ASHA: JOURNEY TO THE COSMIC OCEAN.	7.50
SEARCH FOR THE AGELESS, I: My Unusual Adventures on Five Continents.	7.80
SEARCH FOR THE AGELESS, II: The Great Experiment.	8.80
SEARCH FOR THE AGELESS, III: The Chemistry of Youth.	7.50
THE TENDER TOUCH, BIOGENIC FULFILLMENT.	5.50
THE BIOGENIC REVOLUTION. The 1977 International Essene-Biogenic Seminar.	9.50
THE FIRST ESSENE. Dr. Szekely's Last, Unforgettable Seminar (1979).	9.50
BIOGENIC REDUCING: THE WONDER WEEK.	4.50
THE ESSENE BOOK OF CREATION. Light on the Mystery of Mysteries.	4.50
THE ORIGIN OF LIFE. A panoramic History of the Known and the Unknown.	7.50
TEACHINGS OF THE ESSENES FROM ENOCH TO THE DEAD SEA SCROLLS.	5.95
THE ESSENE JESUS. Revaluation of the Latest Essene Master and his Teachings.	5.95
THE ZEND AVESTA OF ZARATHUSTRA. Powerful Universal Masterpiece.	5.95
ARCHEOSOPHY, A NEW SCIENCE. The Beginning of the Beginnings.	5.95
THE ESSENE ORIGINS OF CHRISTIANITY. 100 Facts and 200 Fallacies.	8.50
THE ESSENES, BY JOSEPHUS AND HIS CONTEMPORARIES.	3.50
THE ESSENE TEACHINGS OF ZARATHUSTRA. Inmortal Legend of the Wheat.	3.50
THE ESSENE SCIENCE OF LIFE. Companion Book to the Essene Gospel of Peace.	3.50
THE ESSENE CODE OF LIFE. The Natural and Cosmic Laws.	3.50
ESEENE COMMUNIONS WITH THE INFINITE. Holy Life, Sound, and Light.	4.50
THE ESSENE SCIENCE OF FASTING AND THE ART OF SOBRIETY.	3.50
COSMOTHERAPY OF THE ESSENES. Unity of Man, Nature and the Universe.	3.50
THE LIVING BUDDHA. A Comparative Study of Buddha and Yoga.	5.95
SIDDARTHA, THE PILGRIM. Dynamic Spiritual Revelation, set in Ancient India.	2.95
PILGRIM OF THE HIMALAYAS. The Discovery of Tibetan Buddhism.	3.50
TOWARD THE CONQUEST OF THE INNER COSMOS.	6.80
FATHER, GIVE US ANOTHER CHANCE. Survival Through Creative Simplicity.	6.80
THE ECOLOGICAL HEALTH GARDEN, THE BOOK OF SURVIVAL.	5.95
THE DIALECTICAL METHOD OF THINKING. Key to Solution of All Problems.	3.50
THE EVOLUTION OF HUMAN THOUGHT. 87 Great Philosophers, 38 Scholls.	2.95
MAN IN THE COSMIC OCEAN. Where No One Has Ever Gone.	4.50
THE SOUL OF ANCIENT MEXICO. Hundreds of Ancient Pictographs.	7.50
THE NEW FIRE. Renewal of Life in a Precolumbian Spiritual Rhapsody.	5.95
DEATH OF THE NEW WORLD. Children of Paradise. 200 Illustrations.	5.95
ANCIENT AMERICA: PARADISE LOST. Pictorial Encyclopedia of a Lost World.	5.95
MESSENGERS FROM ANCIENT CIVILIZATIONS. Ancient Migrations.	3.50
SEXUAL HARMONY, THE NEW EUGENICS.	3.50
LUDWIG VAN BEETHOVEN, PROMETHEUS OF THE MODERN WORLD.	2.95
BOOKS, OUR ETERNAL COMPANIONS. Culture, Freedom, Tolerance.	3.50
THE FIERY CHARIOTS. The Mysterious Brotherhood of the Dead Sea.	5.95
CREATIVE WORK: KARMA YOGA. Ancient, Mystic Role of Creative Work.	3.50
THE ART OF STUDY: THE SURBONNE METHOD. The Joy of Learning.	3.50
COSMOS, MAN AND SOCIETY. Guide to Meaningful Living in the 20th Century.	6.80
I CAME BACK TOMORROW. 20th Century Nightmare and the Essene Dream.	3.50
BROTHER TREE. Charming Ecological Parable for Children of All Ages.	3.50
THE BOOK OF LIVING FOODS. A Gastro-Archeological Banquet.	3.50
SCIENTIFIC VEGETARIANISM. Nutritional, Economical, Spiritual Guide.	3.50
THE CONQUEST OF DEATH. Longevity Explored. The Dream of Immortality.	3.50
HEALING WATERS. Fifty European Spa Treatments at Home.	3.50
THE TREASURY OF RAW ROODS. Menus, Meals, Recipes.	3.50
BOOK OF HERBS, BOOK OF VITAMINS, BOOK OF MINERALS. Each Volume.	3.50

Write for Free Complete Descriptive Catalogue to our Forwarding Address:
I.B.S. International, P.O. Box 849, Nelson, B.C., Canada V1L 6A5
Book orders must be prepaid. Check or Money Order in U.S. currency only should be made out to IBS INTERNACIONAL. Add 15% for postage & handling (minimum $1.50)